Daniel KOUAMEGNE

# A L'AUTEL DE DIEU

Daniel KOUAMEGNE

# A L'AUTEL DE DIEU

## Essai sur la signification spirituelle de l'offrande

Éditions Croix du Salut

**Imprint**
Any brand names and product names mentioned in this book are subject to trademark, brand or patent protection and are trademarks or registered trademarks of their respective holders. The use of brand names, product names, common names, trade names, product descriptions etc. even without a particular marking in this work is in no way to be construed to mean that such names may be regarded as unrestricted in respect of trademark and brand protection legislation and could thus be used by anyone.

Cover image: www.ingimage.com

Publisher:
Éditions Croix du Salut
is a trademark of
International Book Market Service Ltd., member of OmniScriptum Publishing Group
17 Meldrum Street, Beau Bassin 71504, Mauritius
Printed at: see last page
**ISBN: 978-613-7-37294-4**

*À mon Frère aîné, SAKARIE YOUONANG*

## AVANT-PROPOS

S'il y a un mot doux, simple et qui exprime la paix intérieur, l'humilité, la grandeur d'âme, réchauffe les ardeurs et l'engouement à plus d'effort, c'est bien le mot « MERCI », expression simple et authentique de notre reconnaissance. C'est pourtant un mot qui de plus en plus devient rare dans notre lexique et nous répugne à cause de nos orgueils injustifiés, nos fausses grandeurs, notre esprit de suffisance, l'inflation ou l'hypertrophie de notre moi.

Nos succès, nos réussites, nos victoires, de plus en plus, nous apparaissent comme des suites logiques de nos bravoures, nos prouesses intellectuelles ou nos savoir-faire ou savoir-être. Que dire donc de ceux et celles qui, malgré leurs efforts, leurs peines et leurs souffrances quotidiennes, broient du noir sans arriver à tirer leur épingle du jeu de la demande et de l'offre.

Ce qui est paradoxal, c'est que l'on voit facilement la main punissante de Dieu sur nos échecs, mais rarement sa main bénissante dans nos succès. Cette curieuse manière d'apprécier les événements de la vie, n'est pas propre à notre époque. On la repère aussi chez les premiers chrétiens. En effet, Jésus en son temps, faisait de grands miracles au vu et au su de tout le monde. Pourtant on a de la peine à le reconnaître comme étant le Messi annoncé par les prophètes. Jean Baptiste a beau crié au désert et le présenter de vive voix au peuple de Césarée de Philippe comme étant le Messi promis, il sera néanmoins confondu tantôt à l'ancêtre Elie, tantôt au prophète Jérémie.

Ces confusions peuvent peut-être aujourd'hui, nous paraître ridicules eu égard aux enseignements reçus à propos de la personne et de l'œuvre de Jésus. Mais, à nous voir vivre, il est légitime de s'interroger sur notre capacité à reconnaître la main de Dieu dans tout ce qui nous arrive de positif ou de merveilleux. Surtout lorsqu'ils nous apparaissent sous des formes voilées comme la réussite de nos enfants, notre promotion sociale, nos bonnes affaires, etc. Ceux que nous semblons reconnaître dans nos prouesses, c'est, soit nous-mêmes au travers de notre savoir-anticiper, soit le marabout du quartier qui nous aurait soumis à des rites de lavages accompagnés de potions à boire ou des amulettes à cacher dans nos maisons ou quelque part dans nos vêtements, voire l'action de nos ancêtres avec qui nous aurions su entretenir une relation satisfaisante à travers rites sacrificiels d'expiation ou de propitiation. Entre aussi dans ce chapelet de causes, l'action d'un frère nanti ou haut placé, qui nous aurait servi de « **parapluie ou de godasses** » quelque part, pour nous donner de décoller. Voilà les nouveaux seigneurs de nos réussites à qui nous semblons aujourd'hui dédier nos offrandes quand nous ne décidons pas tout simplement de nous en abstenir.

Ce choix curieux de cibles humaines de nos offrandes, semble bien logique dans un contexte ecclésial où l'offrande est devenue si présente, si contraignante et si prolifique qu'on a de la peine à identifier ses véritables destinataires et encore moins Dieu comme la destination ultime de ces appels incessants à offrir.

Par ailleurs, l'usage qu'on fait de ces offrandes n'est pas toujours de nature à rassurer les offrants sur la dimension spirituelle de l'offrande. Le concept même d'offrande devient problématique dans un environnement où on parle tantôt de dons, tantôt de collectes avec, au bout du compte, des humains fussent-ils serviteurs de Dieu ou étrangers, ou nécessiteux, comme véritables bénéficiaires de ces offrandes. Et on se demande si le nom de Dieu n'est pas devenu un prête-nom pour des œuvres de charité, ce qui donne à l'offrande une dimension simplement anthropologique.

Il devient par conséquent nécessaire d'ouvrir une réflexion sur le véritable sens des offrandes en les restituant dans leur dimension spirituelle afin que lumière soit faite sur leur nécessité ou leur opportunité.

# INTRODUCTION

La gestion des offrandes à l'Eglise est devenue pour le chrétien, une véritable préoccupation en ces temps de récession économique où aucun ménage, à l'exception de quelques privilégiés, n'arrive à accéder au minimum vital. La grande majorité des fidèles vit en dessous du seuil de pauvreté. Pourtant il faut se nourrir, se soigner, s'habiller, envoyer les enfants à l'école, se loger avec tout ce que cela comporte de frais incompressibles d'eau et d'électricité.

La flambée des prix des produits de première nécessité a fini par détruire tout espoir d'équilibre vital et social. Nos églises d'Afrique autrefois, précisément à l'aube des indépendances, vivaient presque sous l'action tutélaire des communautés occidentales qui, pour des raisons d'évangélisation, ou de prosélytisme et bien d'autres raisons politiques et économiques, leurs apportaient de très grands soutiens financiers, matériels et humains. En témoignent, la construction de grands hôpitaux, de grandes écoles de formation, voire, des temples d'adoration de Yahvé.

L'église d'Afrique et au Cameroun en particulier en a été très largement bénéficiaire. Malheureusement elle s'est endormie dans l'espoir de toujours recevoir de ces bienfaiteurs, des dons pour son action évangélisatrice. Elle semble n'avoir pas compris que l'indépendance réclamée à cor et à cris ne se limite pas à l'indépendance politique, mais concerne également l'indépendance économique, financière et même religieuse. Elle sera surprise dans son somnambulisme paresseux par le désengagement progressif des bienfaiteurs occidentaux. Elle est désormais interpellée à plus d'efforts personnels, pour se prendre en charge soi-même dans la conduite de sa mission. D'où l'interpellation toujours plus grande des chrétiens d'Afrique à plus d'engagement financier pour soutenir l'œuvre d'évangélisation dans leur localité. La construction de l'église d'Afrique devient donc l'affaire des africains eux-mêmes. Il n'est plus question de toujours attendre l'appui des communautés occidentales, à moins que la lutte contre la colonisation et l'impérialisme n'ait été qu'un vain slogan.

Le fait remarquable, c'est que l'autonomie administrative de l'Eglise en Afrique a précédé l'autonomie administrative de plusieurs États africains, dont le Cameroun. Dès lors, à la phase primaire de l'évangélisation où il fallait tout attendre, jusqu'aux hommes, de l'Occident, s'est substituée la phase de responsabilisation des chrétiens africains. Ils devront désormais voler de leurs propres ailes et gérer leur avenir avec le Christ. Dans ce sillage, ils devront refaire leurs structures d'accueil en vue de les adapter à l'inflation de nouveaux besoins. Cette réalité, a conduit à accentuer sur les fidèles des pressions financières qui, de l'avis de nombreux chrétiens, rassemblent à une arnaque, un ensemble de stratégies humaines de spoliation ou de détroussage de naïfs et pauvres fidèles. Tout se passe comme si les responsables d'églises et leurs « **commandos** » installés dans les paroisses, avaient, d'imagination fertile, inventé des stratégies pour extorquer de l'argent aux fidèles, l'Évangile ne devenant plus qu'une espèce d'opium dont l'objectif serait de tuer toute capacité de critique ou de recul face aux injonctions, sommes toutes utilitaristes, des responsables spirituels.

Une observation attentive des comportements des chrétiens lors des différentes offrandes instituées par l'Eglise, trahit un certain malaise et un sentiment de dépit eu égard à leur fréquence, leur quantité, leur justification et leur destination finale. Les serviteurs de Dieu sont parfois directement tenus pour initiateurs de ce que certaines mauvaises langues, à tort ou à raison, nomment « **escroquerie** » ou « ***marchandage du salut*** » en vue de satisfaire leur goût exacerbé du luxe ou tout au moins du bien être de leur famille, et ceci parfois en coaction avec les gestionnaires des fonds (Anciens d'église) qui, généralement, rejettent le principe du sacerdoce universelle et entendent recevoir une partie du "pactole".

Le train quotidien de certains serviteurs de Dieu, avec des excès de tout genre, une mondanité criante, leurs airs de suffisance, leurs complexes de supériorité, leur autoritarisme révoltant, voire leur confort matériel et physique bedonnant, justifient des luttes de positionnement dans des communautés à fort potentiel humain, matériel et financier et trahissent une certaine volonté d'enrichissement personnel à travers une gestion utilitariste des biens récoltés ici et là pour dit-on, les services de l'église.

De tels arguments sont très souvent avancés par cette catégorie de chrétiens dits "refroidis", comme causes de leur retrait de l'église. Ils estiment, par ce qu'ils qualifient de « ***trop de contraintes financières à l'Eglise*** », que l'église prend plus les allures d'entreprise économique, un milieu d'affaire, qu'une institution religieuse dont l'ambition aurait dû être, l'accompagnement spirituel des hommes et des femmes pour une vie heureuse sur cette terre des hommes en prélude à une vie paisible après la vie.

Ceci nous conduit à nous interroger sur la signification des offrandes que l'on apporte à l'église. A quoi servent-elles réellement ? Pour quoi et pour qui devrait-on apporter ces offrandes ? Il devient indispensable pour la vie et l'œuvre de l'église, voire pour sa survie, d'enseigner sur ce sujet ou, en cas de besoin, de corriger et de restaurer le sens réel des offrandes à l'église et leur destination testamentaire consacrée.

Dans cette optique, il faudra recentrer la question de l'offrande, en la restituant dans son contexte biblique, question d'en comprendre les origines, la signification et la pratique dans le cadre de l'Eglise, l'objectif étant d'amener les chrétiens à apporter à Dieu une offrande qui Lui soit agréable pour des bénédictions subséquentes.

Nous nous limiterons dans cette analyse à définir le concept d'offrande, à en analyser le principe et la pratique d'après les textes bibliques de l'Ancien et du Nouveau testament, à analyser les différents types d'offrandes en vigueur dans la bible et leur opérationnalité dans le cadre d'une église d'Afrique centrale, l'Eglise Evangélique du Cameroun en l'occurrence, et enfin, à en revisiter les aspects psychologiques et spirituels. Toute cette analyse nous permettra d'en dégager la signification spirituelle.

# CHAPITRE I :

# DE L'OFFRANDE : QUESTION DES SENS

D'entrée de jeu, il n'est pas superflu de donner un contenu aux termes "Don", "Collecte", "Offrande"

**Le don**

Un don est une libéralité animée par une volonté libre et consciente. Le véritable don se situe au-delà de toute contrainte extérieure ou intérieure, pour n'être que la libre expression d'une volonté soumise à la seule autorité d'une délibération consciente et rationnellement assistée. C'est donc en toute liberté, en toute intelligence, en toute connaissance de cause et sans aucune forme d'obligation, que le donateur agit. S'il reçoit une pression, d'où qu'elle vienne, excepté sa conscience, sa volonté et sa volupté, il n'y a plus lieu de parler de don. Voilà pourquoi dans Romains 12/1 le don s'intègre dans ce que l'apôtre appelle, « ***un culte raisonnable***». En fait, j'évalue moi-même la situation et juge opportun et logique d'offrir quelque chose.

Le don généralement se veut un acte en dehors de tout utilitarisme sans préoccupation et sans prétention d'en recevoir une contrepartie. Il s'inscrit donc dans une logique de la gratuité qui exclut l'idée d'un contre-don. Il s'agit d'une libéralité motivée par le sentiment de compassion que suscitent la souffrance et la misère des autres. C'est un acte de charité dont l'objectif premier est généralement de soulager une souffrance, une misère. A ce titre des personnes pas mal nanties, mobilisent généralement le superflu de leurs avoirs pour de tels besoins. Toutefois, le don n'est pas toujours l'émanation d'un superflu ou d'un trop plein qui ne coûte rien au donateur. C'est parfois un réel élan de philanthropie qui émane du principe de partage et de solidarité. Et c'est d'ailleurs ce qui donne à cet acte toute sa valeur axiologique. Jean Baptiste Blanchard le relève avec emphase :

« ***S'il est plus doux de faire du bien à ceux qui en auront de la reconnaissance, il y a plus de vertu et de grandeur d'âme à en faire à ceux de qui l'on n'attend rien*** »[1].

Il faut cependant se demander s'il est, en ce siècle des *egos*, rationnellement ou humainement possible de faire un don sans préoccupation d'intérêt personnel.

A l'observation, l'esprit matérialiste et individualiste qui caractérise l'homme de ce siècle, nous autorise à penser qu'il y a toujours derrière un don, un contre-don attendu, qu'importe la vie dans laquelle l'on pourrait l'obtenir. Le don est généralement lié à des gratifications immédiates ou médiates en nature ou psychologiques. On pense par exemple aux fruits que les générations avenir de nos enfants pourraient en jouir. De même, c'est de l'expression de cette reconnaissance que dépend très souvent la récidive du don. Même chez les croyants, qu'importe l'obédience religieuse à laquelle ils appartiennent, l'idée de gratification existe bel et bien quand bien même ils se l'imagineraient dans un arrière-monde au-delà du monde visible actuel. Par ailleurs, s'il y a un certain plaisir pour l'homme généreux à recevoir une reconnaissance de la part de l'heureux bénéficiaire, on peut déduire qu'il y a, ne serait-ce qu'un intérêt moral dans le don.

Ainsi, le don généralement, n'est pas un acte pur, dépouillé de toute espèce d'utilitarisme et qui répondrait simplement à un impératif catégorique comme l'a voulu Kant dans l'une de ses maximes de la bonne action.

Toutefois, l'homme n'est pas que cet être égoïste et individualiste que l'on présente comme symbole de notre siècle néolibéraliste. L'homme est aussi un être social, relationnel, qui trouve son plaisir dans l'accomplissement des autres humains qui, au même titre que lui, sont des créatures de Dieu et qui, par conséquent, devraient bénéficier des mêmes grâces que lui. Il trouve son plaisir et son accomplissement dans le partage et dans la réalisation d'une justice

[1] Jean Baptiste Blanchard, *Les maximes de l'honnête homme* (1772).

distributive. Certaines personnes trouvent leur véritable plaisir dans cette relation empathique dans laquelle on est heureux ou malheureux ensemble ; où mon bonheur trouve son accomplissement dans celui des autres à travers ce que je peux leur offrir pour les relever et illuminer un tant soit peu leur vie. Considéré sous ce prisme, la gratuité du don peut se justifier rationnellement.

En régime judéo-chrétien, le don à Dieu notamment, est toujours un contre-don dans la mesure où il s'agit de l'expression d'une reconnaissance à Dieu pour les grâces reçues préalablement. Il ne fait donc pas partie du registre des libéralités ou d'actes de philanthropie puisqu'il s'agit paradoxalement de l'action d'un insatisfait mais reconnaissant du peu reçu (l'homme) en destination d'un Etre comblé de tout et qui n'a besoin de rien du tout (Dieu). Le don prend le sens d'une demande ou d'un besoin-d'être-comblé, plutôt que celui de combler un besoin.

Dans tous les cas, le concept de don contient l'idée de libéralité, de charité, de gratuité, lorsqu'il se situe dans le cadre des relations humaines. Mais il prend le sens d'un acte de reconnaissance lorsqu'il s'agit d'une action de l'homme vers Dieu.

**La collecte**

Le terme « **collecte** » contient l'idée d'une quête qui peut être volontaire ou contraignante. Il s'agit de rassembler des fonds dans un but bien précis de bienfaisance ou de soutien à une action. Il existe, dans certaines églises, l'Eglise Evangélique du Cameroun en l'occurrence, des actions de cette nature. Exemple : la collecte dite de SIDA, la collecte de la Réformation, la collecte dite Regroupée ou encore celle dite de pentecôte, voire les collectes spéciales de travaux. Des quêtes sont à cet effet organisées en vue de résoudre certains problèmes qui se posent dans la communauté ecclésiale ou globale ou de soutenir un programme mis sur pied de façon expresse pour l'encadrement des fidèles ou le développement des infrastructures communautaires. Ce ne sont pas forcément des opérations en réponse à une recommandation biblique testamentaire, mais des actes d'organisation internes aux communautés pour l'animation communautaire et la manifestation de la solidarité entre ses membres.

**L'offrande**

L'offrande est une dérivée du verbe offrir qui recouvre l'idée de générosité. Elle se présente comme un don volontaire, un acte de charité et de grandeur d'âme qui, chez certaines personnes, peut déboucher sur une forme d'orgueil conscient ou inconscient. Celui à qui l'on offre un cadeau le reçoit avec révérence. Sartre avait pu en dire que « ***donner c'est asservir*** »[2]. En effet, l'heureux bénéficiaire a toujours un sentiment de redevabilité vis-à-vis du débonnaire donateur. Il se noue un rapport complexe entre les deux dans la mesure où, ce qui apparaissait comme un don gratuit, exige désormais une réciprocité, une certaine reconnaissance, une plus grande considération. Au fond, au don d'un simple objet s'est substitué un contre-don, celui du sujet. Le bénéficiaire est désormais placé en position d'infériorité par rapport au donateur, ce qui est absolument cruel.

Pourtant, considérée du point de vue biblique, l'offrande est une action empreinte d'humilité vis-à-vis de Dieu en reconnaissance d'un bienfait dont la valeur surpasse, à tout point de vue, l'offre en retour. L'homme la présente à Dieu afin qu'il l'apprécie lui-même et décide en toute liberté de sa recevabilité. Ainsi lorsque nous faisons une offrande à Dieu, nous l'accompagnons de supplications afin qu'Il l'agrée. Ici, c'est l'offrant qui fait des révérences au destinataire de l'offrande. La logique Sartrienne de la mauvaise foi selon laquelle "donner c'est asservir" (la main de l'offrant étant toujours au-dessus de celle de celui qui reçoit) est ici renversée. La joie du don n'est plus celle du bénéficiaire, mais du donateur. A ce titre, personne ne peut se glorifier d'avoir offert quelque chose à Dieu quelle qu'elle soit, avant d'être sûr de son agrément. Au contraire, l'offrant est sérieusement préoccupé par le sort que Dieu, réservera à son

2 Jean-Paul, Sartre, *L'être et le néant*, Paris, Gallimard, «Bibliothèque des idées», 1943, p. 685.

offrande : va-t-il l'accepter ou la rejeter ? Voilà le drame psychologique et spirituel que vit l'offrant. Encore que l'acceptation du don ne se mesure ni à sa qualité ni à sa quantité. C'est qu'en terme de nécessité et d'utilité, Dieu en tant qu'être parfait et de qui tout vient, n'a réellement pas besoin de notre offrande. Le psalmiste exprime cette vérité dans une formule bien simple : « ***Si j'avais faim, dit l'Eternel, je ne te le dirais pas, car le monde est à moi avec tout ce qu'il renferme*** »[3].

Finalement, ce que nous offrons à Dieu n'est qu'une manifestation de notre reconnaissance. Tout se passe comme chez un enfant qui offre à son père une brisure du paquet de biscuit que celui vient de lui offrir. Son père en avait-il vraiment besoin ? S'il l'accepte, c'est uniquement pour apprécier son geste de reconnaissance ou pour lui faire plaisir. Généralement, le père qui exige de son enfant un don, le met simplement à l'épreuve de la reconnaissance.

Ainsi, les collectes et les dons sont volontaires et dépendent de la générosité des fidèles. C'est l'expression remarquable de la reconnaissance à Dieu et la manifestation concrète de l'amour du prochain, de la fraternité, de l'esprit de partage et de générosité. Certes qu'ils sont une réponse aux recommandations de Dieu, mais l'homme est le seul à en juger de l'opportunité. Les offrandes par contre dépassent la dimension de la générosité, du soutien de la mécanique de la mission évangélisatrice et de la survivance du système ecclésial. Elles sont la manifestation de notre reconnaissance et de notre engagement au service de Dieu. Elles sont la preuve de notre réponse à l'interpellation de l'amour de Dieu, l'expression de notre foi et de notre reconnaissance pour tous les bienfaits dont il nous comble jour après jour.

C'est dire que toute offrande apportée ou présentée sans conviction, par imitation servile, par respect d'une certaine tradition, par un certain orgueil, est désagréable à Dieu et la bénédiction qui devrait normalement découler de cet acte de reconnaissance, pourrait se transformer en malédiction.

---

[3] Louis Segond, *La Sainte Bible*, éd. Alliance Biblique Universelle 2010, Psaume 50/12.

## La nature de l'offrande

Il s'agit ici d'analyser le corps de l'offrande. Suis-je autorisé à présenter à Dieu une offrande qu'importe la nature ?

Dans le livre de l'Exode au 35ème chapitre, le prétexte de l'offrande est la construction du tabernacle. Et Dieu, pour cette noble cause, tout en appelant à la disposition du cœur de chacun, précise ce qu'il attend des enfants d'Israël par rapport à la nature :

« ...***De l'or, de l'argent et de l'airain ; des étoffes teintes en bleu, en pourpre, en cramoisi, du fin lin et du poils de chèvre ; des peaux de bélier teintes en rouge et des peaux de dauphins ; du bois d'acacia ; de l'huile, pour le chandelier ; des aromates pour l'huile d'onction et pour le parfum odoriférant ; des pierres d'onyx et d'autres pierres pour la garniture de l'éphod et du pectoral. Que ceux d'entre vous qui ont de l'habileté viennent et exécutent tout ce que l'Eternel a ordonné...*** »[4].

Lorsqu'il s'agira d'une offrande aux allures de sacrifice comme la présentation de Jésus au temple, la loi prévoie l'offrande de deux tourterelles ou de deux jeunes pigeons. Dans certaines circonstances, les prétextes de l'offrande sont tantôt le soutien aux chrétiens en difficultés ou la prise en charge des veuves ou des orphelins et à chaque circonstance correspond une nature précise de l'offrande.

Observons que les offrandes sont de diverses natures en fonction de leur utilité. De plus, elles ne sont pas que matériels ; elles s'expriment aussi en termes de service technique et en fonction des aptitudes des uns et des autres. Il est donc possible que l'on n'ait ni d'argent ni d'or ou de tissus, mais que sa contribution se donne en termes d'expertise ou de main d'œuvre pour la réalisation d'un ouvrage. La vraie question c'est l'utilité de l'offrande. Dans nos communautés chrétienne, l'on remarque que certains fidèles apportent à l'église

---

[4] Louis Segond, *Opcit*, Exode 35/5c-10.

des dons qui ne peuvent réellement servir ni au temple, ni aux serviteurs de Dieu, ni aux nécessiteux sans adéquation avec les besoins réels. À quoi servirait-il par exemple d'offrir une voiture à une communauté villageoise d'Afrique située dans une aire géographique où il n'ya que des pistes qu'arpentent très facilement les engins à deux roues ? A-t-elle seulement les moyens d'entretien d'un tel véhicule quand elle se ronge les ongles pour pouvoir payer ses maigres factures d'électricité ? Ce qu'il convient de faire, c'est d'apporter ce qui est nécessaire pour résoudre les réels problèmes de la communauté. Il s'agit pour le donneur d'évaluer les réels besoins de la communauté et d'orienter ses dons par rapport à ces besoins. En sorte que l'offrande apportée au nom de Dieu puisse servir à l'accompagnement des œuvres à la gloire de Dieu et au bonheur des hommes créatures de Dieu. Il s'agit d'agir comme des bras séculiers de Dieu pour la perfection du monde.

**L'offrande de soi**

De façon générale, le Nouveau Testament reprend et développe l'enseignement prophétique en appliquant la notion d'offrande à l'ensemble de la vie chrétienne vécue dans l'amour et le service de Dieu. C'est ainsi que l'on retrouve chez Paul cette exhortation caractéristique de Romains 12 : « ***Je vous exhorte donc frères, par les compassions de Dieu, à offrir vos corps en sacrifice vivant, Saint et agréable à Dieu, ce qui sera de votre part, un culte raisonnable*** »[5].

La vie chrétienne aujourd'hui, et particulièrement dans nos églises d'Afrique, est empreinte de beaucoup de calculs intéressés. On s'imagine qu'en consacrant une grande partie de ses biens à Dieu même dans un désert spirituel où l'être de l'offrant est totalement absent, il soit possible de s'attirer les grâces de Dieu. Aujourd'hui dans nos Eglises, même celles issues de la Réforme où l'on devrait placer la foi en Dieu à l'hypocentre de la vie chrétienne comme force centrifuge devant impulser toute action, on a plus de considération et de respect

[5] Louis Segond, *Opcit*, Romain 12/1.

pour ces donateurs d'une foi périphérique qui croient fuir la colère de Dieu à travers des actions ponctuelles et fortuites sans consistance spirituelle. Ils sont célébrés dans nos temples avec faste même du haut de la chaire de Jésus-Christ, comme des exemples de conduite chrétienne à apprendre aux néophytes dans des cours de catéchèse.

La recherche effrénée du gain et de l'enrichissement nous a fait ravaler ce que nous avions autre fois vomis pendant la Réforme du 16ème Siècle. Le salut par les œuvres a repris surface avec tant de couleurs et d'ambitions qu'il ne reste plus qu'à l'inscrire dans nos programmes catéchétiques. Nous avons subordonné l'être essentiel de la personnalité chrétienne à son avoir. Tout se passe comme qui dirait : « **Seigneur, mes biens, tous mes biens sont à toi, mais pas moi**». Pourtant, comme le fera remarquer le philosophe Camerounais Ebénézer Njoh Mouelle dans son essai sur la signification humaine du développement, « ***Ce n'est pas l'être qui doit être subordonné à l'avoir mais exactement le contraire*** »[6]. La véritable offrande à Dieu, doit être une offrande vivante.

Le principe fondamental du christianisme c'est bien l'autosacrifice. On ne peut plus se contenter d'offrir à Dieu comme dans les sacrifices anciens, l'*alter-ego*, que ce soit un homme, un animal, une plante ou une quantité d'argent. Il s'agit surtout de s'offrir soi-même en sacrifice. Ce texte de l'apôtre Paul se présente comme une réaction à l'incrédulité du peuple d'Israël qui, par son comportement, était bien trop accroché à la loi mosaïque pour ne plus faire grand cas du salut offert au monde par le Christ-Jésus. Le peuple était resté inamovible comme si le plan du salut, était à son terme avec les sacrifices anciens. L'on se contentait alors d'offrir à Dieu un sacrifice qui ne coûte rien puisque c'est l'âme d'un animal-frère ou d'une plante-sœur que l'on offrait à la place de la nôtre. Personne ne voulait plus s'offrir soi-même pour une faute qu'il a commise lui, de façon délibérée ou pas. L'on prenait du plaisir à voir autrui souffrir et mourir pour un mal qu'il n'a ni commis ni connu. Alors Paul

[6] Ebénézer, Njoh Mouelle, *De la médiocrité à l'excellence. Essai sur la signification humaine du développement*, Yaoundé, CLE, 1972, p.169.

s'insurge contre une telle attitude et recommande que chaque coupable assume ses actes en se donnant lui-même en sacrifice-vivant à Dieu.

Pour comprendre une telle exhortation, il faut la situer dans un ensemble argumentaire qui commence dès la première partie de l'épître aux Romains où Paul développe un brillant argumentaire pour célébrer la miséricorde de Dieu pour l'humanité pécheresse égarée. Il y présente un ensemble logique de preuves irréfutables ou tout au moins solides, de l'immensité de l'amour de Dieu pour l'humanité malgré son obsession à demeurer dans le péché. Plus proche du texte de Romains 12, le chapitre 11 du verset 30 au verset 36, est une célébration de la miséricorde de Dieu qui ne fait acception de personne et une exaltation de l'infinie profondeur de l'amour de Dieu auquel Paul invite les chrétiens à répondre par un amour en retour, ou simplement par une reconnaissance à travers le don de soi dont la manifestation se résume dans une vie conforme à la volonté de Dieu.

La vie du chrétien devra donc être consacrée à Dieu. D'où cette exhortation : « ***Je vous exhorte donc frères, à offrir vos corps en sacrifice vivant, saint et agréable à Dieu*** ».

Offrir son corps c'est le mettre à la disposition de Dieu afin qu'il en fasse l'usage qui lui convient. Le corps ici, c'est précisément l'objet de l'offrande. Il ne doit pas être pris au sens de l'être entier mais il s'agit de la partie matérielle de l'être humain, de cette masse charnelle que rend vivante le souffle de vie et qui devient poussière à la mort physique. Autrement dit, il faut que vos membres, vos sens, soient tous, consacrés à Dieu dans leur usage quotidien. Il s'agit d'honorer Dieu de tout notre corps en refusant d'en faire un usage indigne, immoral : prostitution, scarification, tatouages, altération des tissus de la peau par usage abusif de cosmétique, démélanisation, alcoolisme, tabagisme, dopage, etc. Ce qui suppose, la capacité à triompher des passions de la chair. Une telle émancipation n'est possible que si la communion avec le Seigneur est à peu près parfaite.

Par ailleurs, nos corps doivent devenir non pas des instruments d'iniquité mais des instruments de justice, de bonheur et de paix. C'est pourquoi il s'agit pour les chrétiens de les mettre à la disposition de Dieu pour qu'il s'en serve comme armes dans cette lutte impie contre le règne du péché. Cette consécration de nos membres à la justice de Dieu est l'un des moyens sûrs de notre réelle et complète sanctification et la justification la plus profonde de l'exhortation à la sanctification de nos corps.

A l'immensité de l'amour de Dieu malgré l'obsession du péché, aux compassions de Dieu pour l'humanité enfermée dans le péché, le chrétien devra donc répondre par un don de soi qui se traduit par une vie sainte et conforme à la volonté de Dieu. Il s'agit pour le chrétien de consacrer sa vie à Dieu.

Offrir son corps en sacrifice vivant, c'est donc le mettre à la disposition du Seigneur afin qu'il en fasse un usage régulier.

Par ailleurs, ce que je suis, je le suis par et pour Dieu. S'offrir en sacrifice vivant c'est se dévouer au service de Dieu de tout son être et de tout son avoir. Car si tout ce que j'ai m'appartient, je ne peux pas m'offrir à Dieu en faisant abstraction de mon avoir. Mon corps, ma personne n'est-elle pas plus chère que mes possessions ? Ma chaussure a-t-elle plus de valeur que mon pied qui la porte et dont-elle a pour fonction de protéger. Mon Chéchia a-t-il plus de valeur que ma tête qui la porte et dont- elle a pour fonction de couvrir ? Mon argent a-t-il plus de valeur que moi à qui cela appartient et à qui cela sert à résoudre les problèmes vitaux auxquels je suis confronté ?

S'il est évident que l'avoir n'est pas plus grand que l'être, si je suis capable d'offrir mon être à Dieu, ce serait ridicule de lui refuser ma chaussure ou mon chéchia ou mon argent, ma nourriture, ma maison, mon champ, mon bétail, dans la mesure où toutes ces choses ne sont pas plus grandes que la vie. Sans la vie ces choses en effet n'existent pas.

Ainsi, la désinvolture que l'on observe dans l'offrande est la manifestation de la carence du sentiment de consécration de l'être à Dieu.

Nous ne disons pas, comme ces ascètes, qu'il faille se séparer de ses avoirs pour ne vivre que dans la spiritualité. Au contraire il est indispensable que l'on puisse fortement s'attacher à ses avoirs pour que le don à Dieu soit total. En effet, si l'homme s'attache à ses biens, et ne peut pas supporter de s'en séparer et qu'en même temps il fait à Dieu un don total de soi, de son être, de sa vie, il ne peut pas être à Dieu sans ses biens. Il sentira la nécessité d'être au Seigneur avec ses avoirs.

Ainsi, la véritable offrande que Dieu attend de nous, c'est d'abord l'offrande de notre vie, de notre être. C'est cette offrande vivante qui à son tour peut déclencher une offrande matérielle. C'est une erreur de penser que l'esprit peut servir Dieu tandis que le corps demeure livré au péché. Plusieurs chrétiens de Corinthe, vivaient dans cette illusion, comme d'ailleurs la plupart de chrétiens d'aujourd'hui. Paul affirme que si le péché continue à habiter dans nos corps, c'est illusoire que de postuler l'affranchissement de l'esprit. Inversement, celui qui pense vaincre le mal moral en soumettant exclusivement son corps à des pratiques ascétiques, laisse intacte la racine du péché. L'âme et le corps sont deux entités d'une même réalité qui vivent dans un dualisme ontologique harmonieux de laquelle dépend l'harmonie de l'être avec soi-même, avec le monde et avec l'au-delà de l'être ou le non-être.

Observons en fin, que le l'expression "**sacrifice vivant**" contraste avec les sacrifices de l'ancienne alliance où la victime devrait être immolée. Ici, il ne s'agit pas d'offrir à Dieu un être dont on aurait ôté la vie mais un être vivant, conscient, agissant. Il ne s'agit même pas d'être que l'on offrirait peut-être contre sa volonté, mais d'être qui s'offre lui-même. A ce titre, le sacrifice vivant pourrait être le fait de se dévouer au service du Seigneur de tout son être et de tout son avoir. Il s'agit de se consacrer entièrement au Seigneur en acceptant d'être l'instrument de son action, son bras séculier dans le monde.

Une autre illustration de la valeur de l'offrande de soi nous est donnée par l'évangile de Jésus-Christ selon le témoignage de Matthieu[7]. En effet, il s'agit d'une histoire qui met en scène les traditionnels contradicteurs de Jésus (les pharisiens) et Jésus, au sujet du payement de l'impôt à César.

Rappelons que le peuple Juifs en cette époque-là était sous colonisation romaine et les administrateurs à la solde de Rome imposaient au peuple un impôt. Or payer un impôt à une administration que l'on jugeait illégitime et usurpatrice était, pour les pharisiens, un crime de lèse-majesté. En revanche, ne pas le payer était se mettre à dos l'administration qui avait toute la force répressive nécessaire pour faire plier les contrevenants. Le peuple juif n'avait donc pas intérêt à affronter cette puissante administration romaine au risque de se voir totalement décimé.

Avec l'arrivée de Jésus qui se présente comme l'envoyé de Dieu pour le salut du peuple, on espère qu'il trouvera une solution apaisée à ce dilemme. Jésus consulté à ce sujet, crée la grande confusion dans les esprits par cette sentence inattendue mais pleine de sagesse : « ***Rendez à César, ce qui est à César et à Dieu ce qui est à Dieu*** »[8]. En fait, s'il n'y a pas d'impôt, s'il n'y a de lois auxquelles tout le monde est soumis, la vie devient une jungle et la société, en péril. Certes le pouvoir de l''empereur est illégitime et dictatorial, toutefois, sans une instance qui garantit la stabilité, l'intérêt de tous et le respect mutuel, ce sera le chao. D'où l'importance de respecter les lois césariennes en payant l'impôt exigé.

Mais Jésus conseille également de rendre à Dieu ce qui est à Dieu. Si on est tenu d'honorer ses engagements en tant que citoyen ou même chef de famille, on l'est également par rapport à l'accomplissement de ses devoirs religieux. L'image frappante que Jésus utile pour fonder son argumentaire, c'est l'effigie dont est frappé l'argent que César réclame. Il se trouve que cet argent soit frappé de l'effigie de César pour montrer à qui il appartient. Nous sommes donc propriétaire de tout ce qui porte notre image. Dans ce cas, Dieu est

[7] Louis Segond, *Opcit*, Matthieu 22/15-22.
[8] *Idem*, Matthieu 22/21.

propriétaire de l'homme dans la mesure où le livre de Genèse[9] nous apprend que l'homme est fait à l'image de Dieu. L'homme qui porte sur son être l'image de Dieu appartient par conséquent à Dieu.

Par un raisonnement logique, observons que si l'argent appartient à l'homme (César) et que l'homme appartient à Dieu en tant qu'il est fait à l'image de Dieu, il devient logique de conclure que l'argent et l'homme appartiennent à Dieu. Il serait illogique que l'être de l'homme soit à Dieu mais que son avoir ne le soit pas. On aurait mis par cet illogisme l'avoir au-dessus de l'être. Or l'être n'est-il pas plus important que l'avoir ? Est-il raisonnable que je dise : moi j'appartiens à Dieu en tant qu'être humain, mais que les vêtements que je porte ne Lui appartiennent pas ? A moins que mes vêtements aient plus de valeur que mon être, ce qui est complètement absurde. Si mon avoir m'appartient et que moi j'appartiens à Dieu, alors, mon avoir appartient à Dieu. Le don de soi à Dieu devient indispensable pour tout don matériel et comme la condition nécessaire et indispensable d'un don conséquent à Dieu.

Les chrétiens de ce siècle semblent assez réservés lorsque vient le moment de répondre à l'amour de Dieu par l'offrande. Et ceux qui acceptent de donner sont capables de faire à Dieu la part belle dans la gestion de leurs avoirs. Ils Lui consacrent une bonne part de leurs avoirs, mais refusent de Lui offrir leur vie. L'apôtre Paul, à ce sujet, nous apprend que le don que Dieu attend de nous c'est en priorité notre vie, nous-mêmes. Le véritable sacrifice doit être vivant. Il s'agit de s'offrir d'abord nous-mêmes à Dieu avant de lui offrir quoi que ce soit. Voilà le type de sacrifice ou d'offrande qui serait saint et agréable à Dieu.

L'apôtre Paul estime que l'idéal de l'holocauste c'est le sacrifice de la vie de l'offrant à travers une vie exemplaire, transformée, une vie de sanctification en vertu de laquelle nous ne nous appartenons plus mais appartenons au Seigneur. Il n'y a pas de meilleur don aux yeux de Dieu que de vivre une vie de sainteté. Toutefois, nul ne peut se donner au Seigneur sans lui donner ses biens a

[9] Louis Segond, *Opcit*, Genèse 1/26-27.

posteriori. Par ailleurs, faire don de ses biens voire de tous ses biens sans se donner soi-même ne représente rien aux yeux de Dieu.

En somme, tout ce que nous présentons à Dieu en reconnaissance à son œuvre est une offrande. Elle est peut être volontaire, mais elle est nécessaire parce qu'elle est un témoignage de notre appartenance et notre reconnaissance. La véritable offrande devrait commencer par l'offrande de notre personne, de notre être à travers notre disposition à servir et à faire la volonté de Dieu ; puis se manifester par les dons matériels que nous apportons pour la réalisation des missions régaliennes de l'église, à la gloire de Dieu.

# CHAPITRE II :

# DU *LOGOS* BIBLIQUE DE L'OFFRANDE

Disons d'entrée de jeu, que la Bible atteste l'importance des offrandes dans la vie du croyant comme l'expression éloquente de sa foi et de son engagement pour la proclamation de la bonne nouvelle du salut de l'humanité pécheresse. C'est d'ailleurs pourquoi on y trouve plus de cinq cents passages où il est question d'offrande à Dieu. Nous ferons, à ce sujet, une relecture de quelques passages de l'Ancien et du Nouveau Testament pour en comprendre les fondamentaux en la matière.

Le livre de la Genèse présente YAHVE comme étant le créateur et le propriétaire exclusif de toute chose. Et c'est en toute liberté qu'il accorde grâce à qui il veut. L'homme n'a donc rien qui lui appartienne en propre. Job, le serviteur de Dieu, exprime avec une certaine simplicité lyrique cette condition humaine lorsqu' il affirme : « ***Je suis sorti nu du sein de ma mère et nu je retournerai dans le sein de la terre***»[10].

Le Nouveau Testament tout comme l'Ancien fait de l'offrande à Dieu une double exigence : exigence morale et exigence spirituelle. Tout vient de Dieu et celui qui le reçoit devrait lui en être reconnaissant. Jean Baptiste, le précurseur du Christ l'affirme : « ***Un homme ne peut recevoir que ce qui lui a été donné du ciel*** »[11]. L'apôtre Paul confirme cette affirmation du baptiste lorsqu'en s'adressant aux Corinthiens dans sa première épître, il pose cette question fondamentale : « ***Qu'as-tu que tu ne l'aies reçu? Et si tu l'as reçu, pourquoi te glorifies-tu comme si tu ne l'avais pas reçu ?*** »[12]. C'est dire que personne ne devrait se glorifier d'avoir quelque chose, car tout ce qu'il a lui vient du Ciel. D'où l'exigence de glorification et de reconnaissance à Dieu.

---

[10] Louis Segond, *Opcit*, Job 11/21.
[11] *Idem*, Jean 3/27.
[12] *Idem*, 1Corinthiens, 4/7.

La réaction logique d'un homme qui reçoit tout ce qui lui est nécessaire pour vivre de Dieu, serait de se questionner sur ce qu'il lui est humainement possible de faire en réponse à une telle générosité de Dieu. L'offrande devient un modeste moyen et un raisonnable témoignage de reconnaissance. L'offrande devient un vibrant témoignage de reconnaissance de l'ordre de la nécessité, de la rationalité et l'éthique de conviction.

Carlo Goldoni disait : « ***La reconnaissance est l'aimant des bons cœurs*** »[13]. Dans le même sillage, Ménandre écrit : « ***Parfois il est essentiel de se souvenir que la reconnaissance est une vertu*** »[14]. Ce que confirme d'ailleurs un proverbe allemand : « ***Le fruit le plus agréable et le plus utile du monde c'est la reconnaissance*** ». Charles Gobinet, renchérit : « ***La reconnaissance est un devoir que les ingrats manquent souvent à l'égard de leur bienfaiteur*** »[15]. Dans les livres de l'Ancien Testament, cette exigence de reconnaissance est une prescription divine, un décret absolu de l'Eternel : « ***On ne paraîtra point devant l'Eternelles les mains vides*** »[16].

## Le but de l'offrande

L'Ancien Testament présente de nombreuses situations où le croyant offre à Dieu : le cas de dénonciation d'une femme en cas d'adultère ou de soupçon d'adultère (Nb.5/1ss), la dédicace d'un autel (Nb.7/13ss) ou d'un tabernacle (Nb.7/3ss), la pâque (Nb.9/7-11) etc... En règle générale, ces offrandes se faisaient par des sacrifices d'animaux de choix ou de végétaux généralement brûlés sur un autel et accompagnés souvent d'encens et de libations. L'on y offre pour plusieurs raisons :

### La satisfaction des besoins de l'homme

Dieu désigne l'homme comme le tout premier bénéficiaire de l'offrande. Le prophète Malachie déclare à cet effet :

---

[13] Carlo Golboni, *Les maximes de la pensée*, 1794
[14] Ménandre cité par Pierre Waltz, *Revue des Études Grecques*, Vol. 24, n ° 106 (1911), p. 5-62
[15] Charles Gobinet, *L'instruction de la jeunesse* (1665)
[16] Louis Segond, *Opcit*, Deutéronome 16/16b ; Exode 23/15b ; Exode 34/20b.

« ***Apportez à la maison du trésor toute les dîmes, afin qu'il y ait de la nourriture dans ma maison*** »[17]. L'apôtre Paul renchérit :

« ***Dieu peut vous combler de toutes sortes de grâce, afin que, possédant toujours en toutes choses de quoi satisfaire vos besoins, vous ayez encore en abondance pour toute bonne œuvre, selon qu'il est écrit : il a fait des largesses, il a donné aux indigents ; sa justice subsiste à jamais. Celui qui fournit de la semence au semeur et du pain pour sa nourriture, vous fournira et vous multipliera la semence, et il augmentera les fruits de votre justice. Vous serez de la sorte, enrichis à tous égard pour toute espèce de libéralités qui, par notre moyen, feront offrir à Dieu des actions de grâce***[18] ».

Il s'agit donc ici, de pourvoir aux besoins de prise en charge des nécessiteux. L'offrande amassée dans la maison de Dieu servirait ainsi de nourriture pour les affamés, les déshérités, les veuves et les orphelins et surtout, les serviteurs de Dieu qui ont pour fonction principale de s'occuper de la santé spirituelle du peuple.

Par ailleurs, l'offrande que l'on apporte à la maison de Dieu se présente ici d'après l'analyse paulinienne, comme une main quémandeuse de l'homme à Dieu pour une abondante moisson future. Je donne parce que je veux être comblé en retour. C'est un "qui perd gagne". Cette représentation du don à tout l'air d'un narcissisme dans la mesure où l'altruisme manifesté par mon don est stimulé par une promesse de compensation de Dieu.

**La gloire de Dieu**

Il s'agit pour l'offrant, par amour et par crainte révérencieuse de Dieu, d'honorer Dieu, de réparer un péché, de rechercher la paix, de pourvoir aux besoins des Saints et/ou des Serviteurs de Dieu.

---

[17] Louis Segond, *Opcit*, Malachie3/10.
[18] *Idem*, 2 Corinthiens, 9/8-11.

- **Honorer Dieu** (Genèse 4 :3-4)

Honorer Dieu, c'est lui manifester, respect et estime ; lui donner du poids, de l'importance, de la réputation (Esaïe 4 :2) ; confesser sa puissance sans commune mesure ; faire éclater sa splendeur, son prestige, sa magnificence, sa dignité et témoigner de sa souveraineté au milieu des nations afin qu'on le craigne (Esaïe 43 :7 ; Psaumes 66 :2; Psaumes 72:19). L'offrande participe donc de la glorification de Dieu

- **Réparer un péché** (Lévitique 4 :23 Nombre 15 :25)

L'offrande ici prend le sens d'un sacrifice de culpabilité. On offre à Dieu pour expier son péché et renouer sa relation avec Lui. En fait le péché éloigne l'homme de Dieu et l'offrande restaure la relation rompue. Elle vise à rechercher le pardon et la bénédiction de Dieu. La situation de l'homme qui est en permanence sous l'emprise du péché exige un rapprochement permanent à Dieu et l'offrande se présente comme le moyen idoine pour y parvenir.

- **Rechercher la paix** (Lévitique 3 :1ss)

La paix se définit non pas seulement comme absence de guerre, mais aussi et surtout comme un état de stabilité intérieure où l'âme contemplant le Seigneur s'élève au-dessus des turpitudes du monde pour développer une pensée à forte coloration d'altruisme et d'amour. Cette qualité de paix n'est réalisable que par l'action toute puissante de Dieu, le Seigneur de la paix. D'où la nécessité d'un rapprochement permanent à Lui, rendu efficace par une offrande sous fond d'obéissance, d'humilité et de soumission totale.

- **Pourvoir aux besoins des saints (2C or.8/1-5)**

Le terme "**saint**" d'après le grec *hagios*, est l'expression qui désigne ce qui est consacré à Dieu. Il ne s'agit pas de pureté, entendue comme absence de souillures. Les saints dont il s'agit ici ne renvoient donc pas aux personnes sans péchés ou dont les péchés ont été absouts, comme semble le soutenir la théologie catholique quand on sait que la perfection n'est pas de ce monde. Il s'agit ici de ceux et celles qui acceptent de se mettre à part pour l'œuvre du Seigneur. Et à ce titre, qui accepte d'être disciple de Jésus-Christ et qui se met à son service selon le principe de l'universalité du sacerdoce, peut être considérée comme sainte. C'est donc un terme pour désigner les chrétiens tout court. C'est pourquoi, les saints dans le contexte strictement biblique ne doivent être ni vénérés, ni adorés. Ils sont non pas objet mais sujet de la vénération ou de l'adoration.

Ce vocable est presque toujours utilisé au pluriel parce qu'il désigne généralement un ensemble de personnes qui consacrent ou qui ont consacré leur vie au service de Dieu. Et justement dans les Actes des apôtres, Luc écrit : « ***Seigneur, j'ai appris de beaucoup tout le mal que cet homme a fait à tes saints à Jérusalem*** »[19]. Luc désigne ici des chrétiens que Paul dans sa folie de persécuteur du Christ, avait fait emprisonner à Jérusalem et dont il en fait confession devant le Roi Agrippa : « ***C'est ce que j'ai fait à Jérusalem. J'ai jeté en prison des saints*** »[20].

La bible "**Parole de Vie**" préfère au terme "**saint**", celui de "**croyants**" : « ***C'est ce que j'ai fait à Jérusalem. J'ai jeté en prison beaucoup de croyants*** ». La "**Bible du Semeur**" parlant des saints, préfère le terme de "chrétiens" : « ***C'est ce que j'ai fait à Jérusalem. J'ai jeté en prison beaucoup de chrétiens*** ». La bible "**Parole vivante**" est bien plus claire : « ***Et c'est ce que j'ai fait : à Jérusalem, je me suis procuré des pleins pouvoirs auprès des grands-prêtres ; j'ai personnellement fait jeter en prison un grand nombre de disciples de ce Jésus*** ». Il nous apparaît de toute évidence ceux qui prennent le nom de "saints" ici, sont ces membres de l'église que l'apôtre Paul désigne par l'expression "corps du Christ".

Les chrétiens en difficultés dans leurs missions devraient recevoir des autres chrétiens des offrandes d'encouragement et de soutien pour l'exercice de leurs missions. C'est le cas de ceux de Jérusalem dont nous parle l'apôtre Paul

[19] Louis Segond, *Opcit*, Actes 9/13.
[20] *Idem*, Actes 26/10.

dans sa deuxième lettre aux Corinthiens[21]. Aujourd'hui encore dans toute l'église, ce genre d'opération diaconale fait partie des axes prioritaires d'action d'évangélisation. Les communautés chrétiennes du monde entier vivent de la solidarité et du soutien des uns et des autres.

**Pourvoir aux besoins du serviteur de Dieu**

***« L'Eternel dit à Aaron : Voici, de toutes les choses que consacrent les enfants d'Israël, je te donne celles qui me sont offertes par élévation ; je te les donne, à toi et à tes fils, comme droit d'onction, par une loi perpétuelle. Voici ce qui t'appartiendra parmi les choses très saintes qui ne sont pas consumées par le feu : toutes leurs offrandes, tous leurs dons, tous leurs sacrifices d'expiation, et tous les sacrifices de culpabilité qu'ils m'offriront ; ces choses très saintes seront pour toi et tes fils [...] Quiconque sera pur dans ta maison en mangera. Je te donne les prémices qu'ils offriront à l'Eternel : tout ce qu'il y aura de meilleur en huile, tout ce qu'il y aura de meilleur en moût de blé. Les premiers produits de leur terre, qu'ils apporteront à l'Eternel seront pour toi ...»***[22]

Les Sacrificateurs et les Lévites, en tant que serviteurs de Dieu, ayant la charge du peuple et celle de leurs familles, ont donc, comme possession, l'offrande présentée à Dieu. C'est un droit (**Droit d'onction**) lié à la fonction qu'ils exercent au nom de l'Eternel et pour laquelle ils ont reçu de sa part une onction. Il s'agit en fait d'offrandes apportées à l'église, des dons divers en liquide ou en nature à l'occasion d'actions de grâce, de la présentation des prémices, des dons de reconnaissance ou des fêtes de récolte à Dieu. Lorsqu'une partie ou l'ensemble selon la nature de l'offrande, est attribué au traitement du serviteur de Dieu par l'église en tant que salaire ou indemnités, cela relève de la plus grande normativité scripturale. Le but d'un tel octroi, c'est non seulement d'être en phase avec les recommandations de l'Eternel au sujet de leur traitement, mais aussi de les mettre à l'abri des besoins afin que, se voyant

[21] Louis Segond, *Opcit*, 2 Corinthiens 8/1-24 et 9/ 1-15 ;
[22] *Idem*, Nombres 18/8-13.

libérés de tout impératif humain de survie, ils puissent se consacrer entièrement et en toute honnêteté, objectivité et crainte de Dieu, aux services auxquels ils ont reçus vocation et onction divine.

La gestion et l'utilisation d'une partie de ces offrandes destinées à Dieu par ceux qui ont été choisis pour porter son œuvre, (les serviteurs de Dieu), ne devrait donc pas être vue comme un abus de pouvoir ou un détournement du bien d'autrui, mais comme l'obéissance à une recommandation qui trouve sa parfaite justification dans les textes sacrés de l'Ancien et du Nouveau testament

Aujourd'hui certains fidèles, pas assez édifiés sur ce sujet, contestent aux serviteurs de Dieu, (pasteurs ou prêtres) la destination testamentaire de ces dons estimant que c'est à Dieu et non pas aux hommes fussent-ils oints de Dieu, qu'ils sont destinés. Le fait que ses serviteurs soient amenés à recevoir puis à disposer des dons présentés à Dieu, pour leur entretien est vu comme un crime de lèse-majesté. On s'imagine peut-être que Dieu soit un homme qui a faim ou soif et qui aurait besoin de nourriture ou de boisson ou d'argent pour s'entretenir. Dans sa mentalité anthropomorphiste, l'homme veut faire pousser des dents à Dieu et lui accrocher un estomac pour la consommation de nos offrandes. Pourtant l'adresse de l'Eternel à son serviteur Aaron est très claire : ***« L'Eternel dit à Aaron : Voici, de toutes les choses que consacrent les enfants d'Israël, je te donne celles qui me sont offertes par élévation ; je te les donne à toi et à tes fils (successeurs apostoliques), comme droit d'onction, par une loi perpétuelle »***[23].

En plus de savoir que Dieu n'est pas homme comme nous, il faut savoir qu'il donne à qui il veut l'héritage qui lui convient. La parabole de l'ouvrier de la onzième heure que nous rapporte Matthieu semble assez édifiante sur ce sujet. L'ouvrier de la première heure se plaint de la décision souveraine que le propriétaire de la vigne prend. À savoir, donner à tous le même salaire. Mais ne suis-je pas libre de donner à qui je veux ce qui est à moi ? Dieu en est même

[23] Louis Segond, *Opcit*, Nombres 18/8.

venu à préciser, au détail près, le salaire qu'il accorde à la tribu des Lévites et celui des autres tribus ? Les Lévites n'ont pas à se plaindre de ce que Dieu ait accordé à aux autres tribus certains avantages qu'ils n'ont pas eux. De même c'est immorale voir alogique et avaricieux que les autres tribus nonobstant de grands avantages qui leurs sont accordés, continuent de lorgner avec avidité et envie la portion congrue réservée aux Lévites. Tout est grâce et il faut savoir se contenter de ce qu'on a. chacun reçoit de Dieu en fonction du service qu'il est appelé à rendre à son peuple.

Les écrits bibliques prennent donc très au sérieux l'offrande à Dieu, car c'est là une confession de foi et une reconnaissance de l'amour et de la grande miséricorde de ce Dieu qui pourvoit chaque jour à nos innombrables besoins. Le but de l'offrande dans l'Ancien Testament comme dans le nouveau est pratiquement le même. À savoir, honorer le Seigneur, expier ses péchés, se purifier, pourvoir au service du temple avec tout ce que cela comporte, et prendre soin du serviteur de Dieu.

**La quantité de l'offrande**

- **Le rapport avec l'avoir : la parabole des talents**[24]

La *parabole des talents* est l'expression parfaite de la réalité du don en fonction du revenu. En effet, il s'agit d'un homme qui décide d'un voyage dont la durée risque de lui être préjudiciable dans la marche de ses affaires. Pour minimiser les manques à gagner, il fait venir trois de ses serviteurs dévoués et leur confie la gestion de ses affaires pour le temps de son absence. Il sait quelles sont les performances de chacun d'entre eux dans la conduite des affaires. Ce qu'il sait surtout d'eux c'est leur honnêteté en affaire. Il peut donc leur faire confiance. Il leur distribue en conséquence ses biens en mesure des compétences qu'il reconnaît en chacun d'eux. C'est du moins ce que nous révèle le verset 15 : « ***à chacun selon sa capacité*** »[25]. À l'un il donne cinq talents, à l'autre deux et

[24] Louis Segond, *Opcit*, Matthieu 25/14-30.
[25] *Idem*, Matthieu 25/15.

au troisième un seul.

Certains commentateurs bibliques à propos de ce texte crient à l'injustice dans la mesure où cet homme d'affaire ne donne pas les mêmes chances de productivité à tous. Mais le texte définit clairement le critère qui préside à cette distribution des talents : « ***à chacun selon sa capacité*** »[26]. Il faut reconnaître que nous n'avons pas les mêmes aptitudes notamment dans gestion. Certains sont de très bons commerçants, d'autres de très bons politiciens, d'autres encore de brillants économistes, ou de personnes rompues à l'exercice de petits métiers. On trouve aussi parmi nous de très grands théoriciens qui savent accoucher de grandes et belles idées mais qui en restent là et il revient aux autres, mieux outillés en la matière, de les opérationnaliser. Il suffit parfois de ne confier qu'un peu à un doué pour qu'il en en fasse un monde. Tandis qu'un autre pourrait dilapider toute une fortune en très peu de temps.

L'homme d'affaire en question, ne s'est pas du tout trompé sur ses les capacités d'action, la sincérité et l'honnêteté de ses serviteurs. Les résultats obtenus sont là pour le prouver. Le serviteur qui a reçu cinq talent en produit cinq de plus. Personne en effet, n'essaye de le duper. Celui qui en reçoit deux en produit deux de plus. Et le dernier ramène à son donateur le seul talent qu'il a reçu et qu'il n'a pas pu fructifier. Il y a certes un paresseux, le troisième serviteur, dont Dieu condamne d'ailleurs la paresse, mais il vaut mieux assumer sa paresse comme il le fait que d'être malhonnête. Il convient d'ailleurs d'admirer l'honnêteté de ce dernier qui ramène au propriétaire intact ce qui est à lui et de le féliciter pour le soin qu'il accorde au bien d'autrui. De nos jours certaines personnes à qui l'on confie la gestion d'un bien commun ou personnel, dilapident et le capital et l'intérêt sans aucun état d'âme. Nous apprenons de ce paresseux mais honnête serviteur la grande la prudence, l'attention et la responsabilité qui devrait nous échoir dans la gestion du bien d'autrui ou commun.

[26] Louis Segond, *Opcit*, Matthieu 25/15.

Remarquons ensuite que chaque serviteur malgré la quantité du talent reçu, aura quand même obtenu quelque chose. Personne n'est laissé les mains vides. En fait, Dieu n'oublie personne dans le don de ses grâces. Il n'y a à proprement parler pas de laissés pour compte, d'oubliés de Dieu, quand bien même nous n'aurions pas tous les mêmes moyens pour faire face à nos besoins. C'est à peine si Dieu n'est pas placé aux bancs des accusés au titre d'un père injuste, excellant dans la logique du « ***deux poids, deux mesures*** ».

Il n'est pas rare de rencontrer dans nos communautés chrétiennes ou dans nos familles des personnes qui pour peu qu'elles soient sollicités pour un appui à l'œuvre d'évangélisation, de diaconie, ou du développement paroissiale, une action de soutien au sein de la famille, crient à la pauvreté et à la misère sous le fallacieux prétexte de n'avoir pas autant reçu que d'autres qu'ils considèrent comme devant porter toutes seules les charges communautaires ou familiales. La vraie misère, devrait-on savoir n'est pas matérielle mais spirituelle : le manque d'amour, l'absence de l'élan de miséricorde et de partage, le manque de reconnaissance. Brandir à chaque occasion sa prétendue pauvreté, débouche très souvent sur des attitudes de solidarisme par lesquelles nous pensons qu'il est normal de dépendre des autres ou d'attendre tout de la générosité des autres. On n'est pas si loin du vice de l'hospitalisme dont les avatars sont, l'aigreur, la mendicité, la corruption, la sous-estimation de soi, etc.

Ce texte nous apprend pourtant que nous ne sommes guère des indigents et que chacun est gestionnaire d'un bien aussi modique soit-il, selon ses capacités et peut être aussi selon ses besoins, à ne pas confondre avec ses désirs. Parfois nos désirs sont de loin plus grands que nos besoins réels et Dieu s'occupe d'abord de nos besoins avant de s'occuper du superflu qu'exigent nos désirs. La pauvreté s'installe dès qu'on s'exerce à faire des comparaisons. Certains "riches" sont parfois si insatiables qu'ils finissent par ne jamais se satisfaire de tous ce qu'ils reçoivent. En conséquence ils finissent par ce compromettre à travers des pactes mortels. C'est ce qui justifie le fait que certains privilégiés de la République du Cameroun se retrouvent aujourd'hui derrière les barreaux pour le motif honteux de détournement de deniers publics.

Remarquons aussi qu'au départ, aucun serviteur des trois cités dans ce texte n'a rien en propre. Tout ce qu'il possède, lui est octroyé par le propriétaire, qu'importe la quantité. Voilà pourquoi Job peut dire : « ***Nu je suis sorti du sein de ma mère, nu je retournerai dans le ventre de la terre*** »[27]. Ainsi personne ne peut se targuer d'avoir quelque chose qui lui soit propre. Tout est grâce de Dieu. Certaines personnes en effet, naissent comme avec une cuillère en or entre les mains en raison de l'opulence de leur famille d'accueil. Leur seul effort consiste simplement à jouir du travail de leurs ascendants. Certains au contraire, bien qu'ayant assimilé et mis en pratique et au quotidien les recommandations de Jean Lafontaine[28], creusant, fouillant bêchant sans laisser d'espace où la main ne soit passé et repassé, n'arrivent pas à obtenir leur pitance journalière et croupissent dans la misère. C'est ce qui justifie ce questionnement de l'apôtre Paul : « ***Qu'as-tu que tu n'aies reçu ? Et si tu l'as reçu pourquoi te comportes-tu comme si tu ne l'avais point reçu ?*** »[29].

Remarquons en enfin que chaque serviteur n'apporte au propriétaire qu'en fonction de ce qu'il a reçu de lui. Le serviteur qui reçoit cinq talents n'apporte pas la même chose que celui qui n'en reçoit que deux. On ne comprendrait pas si les trois bénéficiaires avaient ramené la même chose. C'est donc raisonnable que celui qui a beaucoup reçu produise plus et retourne au propriétaire beaucoup plus que celui qui en reçoit moins. Le propriétaire était donc en droit d'attendre de chacun qu'il apporte en fonction de ce qu'il a reçu comme capital.

Dieu sait ce qu'il nous a donné dans la répartition de son héritage et sait aussi ce qu'il est en droit d'attend de nous. C'est pourquoi il est écrit : « ***Chacun donnera ce qu'il pourra selon les bénédictions que l'Eternel, ton Dieu lui aura accordé***»[30]. Le don ne doit être qu'une partie de ce que nous avons reçu. Par ailleurs, dans les Actes des Apôtres les chrétiens dont il est fait mention,

---

[27] Louis Segond, *Opcit,* Job 1/21.
[28] Jean Lafontaine, Les fables de Lafontaine, Paris, 1668.
[29] Louis Segond, *Opcit,* 1Corinthiens 4/6.
[30] *Idem,* Deutéronome 16/17.

apportent leurs dons selon leurs avoirs : « ***les disciples décidèrent d'envoyer chacun selon ses moyens un secours aux frères qui habitaient la Judée***»[31]. Malheureusement dans nos communautés chrétiennes, cette logique est très souvent inversée. Ce sont ceux qui n'ont pas assez, les moins nantis, qui font plus d'effort que ceux qui ont beaucoup reçu. Un véritable paradoxe.

En définitive, La quantité du don attendu devrait être proportionnelle aux bénédictions reçues de Dieu. C'est pourquoi, le serviteur qui apporte deux autres talents des deux reçus, reçoit la même appréciation que celui qui en apporte cinq.

- **La notion du "peu" : la multiplication des pains**[32]

Le **Dictionnaire Larousse**[33] définit le peu comme ce qui est de petite quantité. Dire qu'on n'a qu'un peu de quelque chose c'est dire que l'on ne l' a qu'en une quantité insuffisante. Le peu serait donc, en un certain sens, ce qui ne suffit pas ; ce qui ne peut pas faire l'affaire.

Cette conception du peu, trouve sa parfaite illustration dans l'épisode de la multiplication des pains. En effet, Jésus est en activité en Galilée en compagnie de ses disciples. Ses enseignements et les actes de puissance qui les accompagnent amènent de nombreux curieux à se massifier autour de lui pour mieux découvrir ce qui se cache derrière ce personnage extraordinaire. Vers la fin de la journée, le théâtre de ses activités ne désemplit pas et personne ne semble vouloir rater cette occasion soit pour s'instruire, soit pour recevoir une bénédiction de ce digne galiléen. Par une certaine tradition d'hospitalité, et par commodité d'usage ou simplement par pragmatisme, il faut s'occuper de leur alimentation, l'homme ne vivant pas que de parole ou d'eau douce, mais aussi de pain. Jésus, pour répondre à ses disciples qui ne savent plus que faire de ces nombreux futurs disciples, leur demande de prendre eux-mêmes des responsabilités par rapport à l'entretien de la foule : « ***Donnez-leur vous-mêmes***

[31] Louis Segond, *Opcit*, Actes 11/29.
[32] *Idem,* Jean 6/1-15 ; Matthieu 14/13-21 ; Marc 6/ 30-44 ; Luc 9/10-17.
[33] Claude, Auge, *Dictionnaire Larousse*, 1905.

***à manger*** »[34]. En effet, on ne peut et ne doit pas tout attendre de Dieu. Les disciples trouvent cette opération d'encadrement de la foule matériellement impossible eu égard à leur grand nombre (environ cinq mille hommes)[35], aux moyens dont ils disposent (seulement deux cents deniers)[36] et à la disponibilité même des pains[37]. Il y a pourtant là parmi eux, un jeune homme qui a cinq pains et deux poissons mais qui logiquement ne peuvent servir à grand-chose.

Il n'est pas superflu de rappeler que ce jeune homme ne faisait pas partie des disciples de Jésus. Il devait être du nombre de ces nombreux curieux qui, au passage, s'étaient arrêtés pour admirer l'œuvre de cet homme extraordinaire qu'est Jésus. Les cinq pains et deux poissons étaient peut-être une commission qu'il faisait pour un chef de famille qui l'attendait à la maison. Son escale est donc peut-être fortuite. Et quand bien même cette nourriture lui appartiendrait, il faut noter qu'elle vient d'une personne de qui on ne pensait pas pouvoir attendre quelque chose. En effet, on n'était en droit d'attendre moins de ce jeune homme que des personnes matures et accomplies comme ces disciples à qui justement Jésus s'adresse, qu'il disposa de ce peu. C'est pourtant avec ce peu que Jésus opère le miracle. Il rend grâce à Dieu pour ce peu dans la mesure où il n'était pas du tout évident que ce peu existe eu égard aux difficultés d'existence de cette nombreuse foule. Il ne porte aucun jugement sur la quantité du pain et du poisson. Il s'en réjouir d'ailleurs. Il organise la foule, les fait asseoir par groupe et la distribution est faite. Tout le monde sera servi au point qu'il en restera plusieurs paniers. Il y a de bonnes raisons de croire qu'en termes de miracles au sens de mystère, il n'y en ait pas eu ce jour-là et que le véritable miracle fut l'organisation de la foule. Généralement en effet, dans le désordre et l'indiscipline, il arrive que certains se servent sans se soucier des autres. L'ordre et la discipline institués par Jésus auraient permis à chacun de ne prendre que selon ses réels besoins.

---

[34] Louis Segond, *Opcit,* Matthieu 14/16 ;
[35] [35] *Idem,* Luc 9/14.
[36] [36] *Idem,* Marc 6/37.
[37] [37] *Idem,* Jean 6/5b.

C'est à ce niveau que se pose la question du "peu". Que représente le peu dans le contexte biblique ?

Si ce qui est considéré comme peu a suffi au point qu'il y ait un reste considérable, alors le peu peut être compris comme ce qui est parfait. Apporter le peu à Dieu c'est donc lui apporter le meilleur de ce que nous avons au point d'être conscient que nous ne pouvions pas faire mieux. Les disciples ne pouvaient pas donner plus que cinq pains et deux poissons. Ils ont donné tout ce qu'ils avaient et voilà pourquoi cela a suffi. Si donc, chaque chrétien donnait son "peu" au sens biblique du terme, cela suffirait pour résoudre les problèmes qui se posent dans la maison de Dieu. Le peu n'est pas dans la pensée chrétienne le plus petit, mais le parfait. C'est ce parfait que Dieu réclame à ses heureux récipiendaires que nous sommes. Il suffit de le lui présenter avec sincérité, humilité, action de grâce et il le bénira pour le bien de tous.

Par ailleurs, la référence faite à 5 pains et 2 poissons n'est pas du tout anodin. Il suffit de faire l'addition de cinq pains et de deux poissons pour obtenir le chiffre 7 qui dans la numérologie juive est, comme nous le démontrerons, un chiffre riche de sens. En effet, le chiffre 7 renvoie à la dimension de la perfection. Rappelons-nous que le monde a été créé en 6 Jours et que le septième est le jour de l'aboutissement de la création, avec le repos du seigneur. C'est donc un jour où l'œuvre du seigneur entre dans sa plénitude. C'est le jour de la bénédiction divine, celui de l'abondance divine. Jésus au sujet du pardon demande à pierre de pardonner à son frère jusqu'à 70 fois, soixante-dix étant le multiple de 7. Dans le livre de l'Apocalypse, Jean utilise de nombreuses fois ce chiffre pour désigner les réalités divines. C'est ainsi qu'on a les 7 trompettes, les 7 Eglises, les 7 esprits, les 7 cornes, les 7 yeux de l'agneau, les 7 tonnerres, les 7 plaies etc. La tradition chrétienne n'est pas en reste. Elle fixe à 7 le nombre des sacrements, des vertus et des dons du Saint Esprit. L'évangile nous apprend aussi que Jésus a délivré Marie madeleine de 7 démons et que lorsqu'on n'est délivré d'un esprit mauvais il peut arriver sous certaines conditions qu'il revienne avec 7 autres et la situation est pire qu'avant.

Une autre analyse du chiffre 7 nous renvoie à l'addition des nombres 4 et 3. Le chiffre 4 représentant les quatre points cardinaux et 3, représentant un triangle, signe de la stabilité, de l'éternité, dans la mesure où le triangle est la seule figure qui ne se déforme pas. Dans ce prisme, le chiffre 6 représenterait une création inachevée où Dieu n'est pas présent. C'est avec le chiffre 7 que la présence de Dieu est attestée. Le chiffre 7 renvoie donc à ce qui est parfait c'est-à-dire le meilleur possible. Autrement dit, ce que ce jeune homme possède est suffisant, parfait pour résoudre le problème. On n'a pas besoin de plus que cela pour atteindre l'objectif rechercher. Donner jusqu'à 7 c'est dire qu'on ne peut pas faire mieux. Le chiffre 7 équivaudrait donc à la note 20/20 que les enseignants attribuent aux élèves qui ont trouvé toutes les solutions possibles au problème posé.

Le message de Jésus à ses disciples est clair : savoir se contenter de ce que l'on a et en faire bon usage. Cesser de se plaindre et d'avancer des jugements de valeurs sur les questions de quantité ou de qualité. En fait, une quantité n'est jamais petite ou grande en soi. Tout dépend de notre jugement qui s'exerce à faire des comparaisons de quantités ou de qualités et qui *ipso facto* fait surgir de notre esprit des frustrations sans objet. Nos avoirs peuvent être très largement suffisants pour prendre en charge nos besoins voire ceux des autres.

La situation de ces disciples a une grande part de similarité avec la nôtre avec ses multiples contraintes : il faut chaque dimanche apporter les offrandes à l'Eglise, chaque mois apporter ses offrandes dites chrétiennes, les dîmes, chaque année, les offrandes dites de pentecôte, etc. Et par ailleurs, nous avons nos propres besoins, ceux de nos enfants, les membres de nos familles qui tendent la main, des demandes de soutien qui fusent de toute part. Pourtant, nos capacités financières sont aussi réduites que celle de ces pauvres disciples dont nous avons parlé plus haut. Toutefois, il convient de toujours nous souvenir de ce miracle de la multiplication des pains. Si nous sommes bien organisés, il est possible que chaque demande trouve les moyens d'être satisfaite. Il ne s'agit pas pour résoudre tous ces problèmes, de posséder tout un monde. Il suffit d'en avoir la volonté et la capacité de prévision et d'organisation pour que ce que l'on peut considérer comme un miracle se réalise.

Dans la parabole des cinq talents, dont nous avons parlé plus haut, Dieu remet à chacun de ses enfants une quantité de talents peut-être en raison de la capacité de chacun à les fructifier. Chaque récipiendaire ne produit qu'en mesure de ce qu'il a reçu. L'homme qui reçoit cinq talents en produit plus que celui qui n'en a reçu que deux et beaucoup plus que celui qui n'en a reçu qu'un seul. Remarquons que tout le monde reçoit au moins un talent. Personne n'est laissé les mains vides. Quand vient le moment d'en rendre compte, tout le monde revient vers le maître avec tout ce qu'il a (capital et intérêt réunis). Même celui qui enfouit son talent dans la terre va le déterrer et le ramener au maître de qui vient toute chose.

Remarquons qu'il y a plusieurs "peu" en fonction des talents que chacun reçoit au départ. "Le peu" de celui qui reçoit cinq talents ne saurait être comparé au peu de celui qui n'en a reçu que deux. Celui qui a reçu cinq talents aurait présenté huit talents au lieu de dix qu'il serait apprécié moins que celui qui ayant reçu deux talents aurait présenté quatre talents au maître. Voilà pourquoi l'offrande de la pauvre veuve (Luc 21:1-4) est jugée plus grande que celle des riches.

**Le rituel de l'offrande** (Deutéronome 26/1-11)

La cérémonie de présentation des dons de reconnaissance se fait en deux étapes : d'abord dans la maison du Seigneur, ensuite hors du temple.

**Première étape dans la maison du Seigneur. (Deutéronome. 26/1-10).**

L'offrant arrive dans la maison du Seigneur portant son don. Devant le sacrificateur (Pasteur ou prêtre) il déclare solennellement tout ce que Dieu a fait pour lui au cours de l'année comme raison suffisante pour présenter son don à Dieu. Le sacrificateur, officiant comme vicaire de l'Eternel, reçoit le don et le dépose dans un endroit réservé du temple en vue de la gestion des affaires liées au temple.

**Deuxième étape : En dehors du temple**

« ***Tu te réjouiras avec le Lévite et l'étranger, de tout ce que Dieu a fait, à toi et à ta famille*** »[38].

La parole de Dieu recommande ensuite à l'offrant, après avoir présenté son don premièrement au Seigneur, qu'il réserve une part pour serviteur de Dieu (Le lévite). La fête enfin se transforme en réjouissance populaire où il est recommandé de partager en fonction de ses moyens avec sa famille, ses voisins ou ses amis en l'honneur du Seigneur, de ce qu'il a pourvu à nos besoins pendant l'année écoulée.

Remarquons pour conclure qu'une véritable offrande doit être motivée. Cela ne doit pas être fait par une sorte de routine ou par mimétisme. On n'apporte pas une offrande à Dieu parce qu'on est membre d'un groupe paroissial ou simplement parce qu'on est chrétien, ou par peur du qu'en-dira-t-on, du regard ou de la moquerie des autres. La présentation de l'offrande exige que l'on ait de bonnes raisons de le faire. Si j'estime n'avoir rien reçu de Dieu, je devrais normalement m'abstenir de toute reconnaissance. C'est pourquoi l'offrande doit être tiré de la part reçu : « ***Lorsque tu seras entré dans le pays que l'Eternel ton Dieu, te donne pour héritage, lorsque tu le posséderas et y seras établi, tu prendras les prémices du sol dans le pays que l'Eternel ton Dieu te donne, tu le mettras dans une corbeille et tu iras au lieu que choisira l'Eternel ton Dieu pour y faire résider son nom*** »[39].

Quand mes acquis viendraient soit de ma propre force ou des recettes d'un vol, d'une corruption ou d'un crime, je devrais m'abstenir de les présenter à Dieu. Seuls les fruits de la générosité de Dieu sont qualifiés pour être présentés à l'autel de Dieu.

---

[38] Louis Segond, *Opcit*, Deutéronome 26/11.
[39] *Idem*, Deutéronome 26/1-2.

# CHAPITRE III :

## DE LA TYPOLOGIE DE L'OFFRANDE DANS LA BIBLE

**Du pain sans levain à l'offrande d'action de grâce** (Exode 23/15, Lévitique 23:6 ; Actes 12:3)

« ***Tu observeras la fête des pains sans levain ; pendant sept jours, au temps fixé dans le mois des épis, tu mangeras des pains sans levain, comme je t'en ai donné l'ordre, car c'est dans ce mois que tu es sorti d'Egypte ; et l'on ne se présentera point devant ma face les mains vides*** »[40].

La sortie du peuple juif de l'esclavage d'Egypte fut très brusque. Le peuple ne s'y attendait pas vraiment, eu égard à l'endurcissement du cœur de pharaon qui n'entendait pas perdre cette riche main d'œuvre bon marché, pour la perpétuation de la puissance de l'Egypte. Pharaon l'avait d'ailleurs bien prouvé à travers les actes de défis dont il s'était livré face à la détermination de Moïse et de son Dieu.

Quand Dieu sonne le glas de ce macabre séjour égyptien, et acte le grand départ du peuple élus, la pâte du pain qui avait été préparée pour l'alimentation du peuple n'est pas encore levée et dans sa précipitation, il n'aura pas le temps d'emporter avec lui le levain dont il aura besoin pour lever la pâte pendant l'exode.

Sous la recommandation de Dieu, en souvenir de cette sortie salvatrice du territoire de l'oppression égyptienne, la fête des pains sans levain fut instituée. Une fête qui consistait à faire et à manger devant la face de l'Eternel et ceci pendant sept jours, du pain sans levain. Cette fête était distincte de celle de la pâque malgré leur proximité et le lien événementiel qu'il pouvait y avoir avec la sortie de l'horreur égyptienne. C'était donc une fête en reconnaissance à Dieu qui, même dans les moments difficiles comme ceux de l'exode, avait pourvu à leurs besoins alimentaires. Elle rappelle donc aussi, la manne reçue au désert à

[40] Louis Segond, *Opcit*, Exode 23/15.

un moment où le désespoir était permis eu égard à la rudesse des conditions de vie (Exode. 16:32,35; Deutéronome. 8:3; Josué. 5:12; Nombre. 9:20).

Il est bon de savoir que le levain est un produit destiné à faire lever la pâte. Il donne donc à la pâte une forme artificielle qui la métamorphose et la rend pratiquement méconnaissable par rapport à son essence. Il donne l'impression que la pâte est grande en elle-même alors qu'elle ne l'est pas dans sa substance. La pâte prend du volume en mesure que le levain augmente en quantité. Il y'a même un risque que ce levain ait beaucoup plus d'importance que la pâte et soit consommé en lieu et place de celle-ci. En Egypte, pour combler la carence de la pâte, ce produit était utilisé avec un dosage particulier dans l'alimentation des travailleurs juifs robotisés, l'objectif étant de donner l'impression que la quantité de pâte consommée est suffisante pour refaire leur force de travail.

Ainsi, le levain falsifie la pâte et produit à nos yeux une illusion de suffisance. Il amplifie le Réel et lui donne l'impression d'être ce qu'il n'est pas dans la réalité. Le levain s'apparente donc à une semence de l'orgueil qui est le sentiment d'une grandeur démesurée. Dieu en précipitant les juifs dans un départ qui ne laisse pas le temps au levain de faire monter la pâte veut amener le peuple qui s'apprête à connaître une nouvelle vie, à vivre dans la vérité et l'honnêteté, sans fards, ni démesure.

On peut légitimement penser qu'au-delà de la dimension du souvenir qui fonde l'institution de cette fête du pain sans levain, il y a une dimension éthique par laquelle Dieu cherche à réorienter ce nouveau peuple, qui s'apprête à commencer une nouvelle vie, vers de nouvelles valeurs d'existence. Il est appelé à demeurer ce peuple élu de Dieu tel qu'il était il y a 450 ans avant la rencontre Egyptien d'une culture spirituelle différente et parfois contraire à la leur. Le peuple doit se débarrasser de tout ce qui a pu falsifier leur authenticité culturelle de façon à l'éloigner de sa base spirituelle qu'incarnaient leurs pères spirituels Abraham, Isaac et Jacob.

La fête du pain sans levain, est donc une invitation à retourner à une authenticité qui fera du peuple victime de ce brassage culturel avec le peuple étranger d'Egypte, un peuple authentique, vivant une foi authentique, celle de leurs pères.

Le Nouveau Testament justement ne s'écarte pas de cette dimension historique et éthique du pain sans levain. En effet, la multiplication du pain de l'autre côté de la mer de Galilée peut être interprétée, au plan historique, comme symbolisant cet événement du pain sans levain ou l'évènement de la manne du désert.

Il s'y dégage ainsi une signification éthique lorsque, s'adressant aux disciples, Jésus demande de se garder du levain des Pharisiens et des Sadducéens (Matth.16 :5-12). Le Seigneur donne à cet événement une connotation nouvelle le renvoyant à la dimension des enseignements des Pharisiens et des saducéens qui s'éloignent de la vérité et qui s'accrochent à un ritualisme inopérant. D'apparences très justes, ils étaient au fond, bien loin de la vérité. Ils paraissaient ce qu'ils n'étaient pas dans la réalité. Le levain prend ici la forme d'un ensemble de comportements éthiques empreints d'immoralité, d'hypocrisie, de mensonges et de duplicité. Jésus à cet effet leur déclare : « ***Au-dedans, vous êtes pleins d'hypocrisie et d'iniquité*** »[41]. Il s'agira alors pour les disciples, de se départir de tels comportements et de les extirper radicalement de leur vie. Le levain est donc ici mis en lien avec le péché. Au point où la présence du levain dans la nourriture spirituelle est présentée comme celle d'un élément falsificateur de la vérité de la parole.

L'apôtre Paul ne s'éloigne pas de cette perception éthique du levain qui le ramène à la dimension du péché. Et Paul d'écrire :

***C'est bien à tort que vous vous glorifiez. Ne savez-vous pas qu'un peu de levain fait lever toute la pâte ? Faites disparaître le vieux levain, afin que vous soyez une pâte nouvelle, puisque vous êtes sans levain, car Christ, notre***

[41] Louis Segond, *Opcit*, Matthieu 23/28.

***Pâque, a été immolée. Célébrons donc la fête, non avec du vieux levain, non avec un levain de malice et de méchanceté, mais avec les pains sans levain de la pureté et de la vérité***[42].

Les corinthiens en effet, observaient avec un certain rigorisme cette fête du pain sans levain. Mais se limitaient à sa dimension matérielle en prenant effectivement soin d'extraire de leur domicile, comme l'exige la loi, toute trace de levain. Malheureusement ils se contentaient de cet aspect extérieur de la loi. Leur comportement, au plan spirituel, était contraire à cette observance et manifestait leur désobéissance. L'apôtre Paul, fondé sur l'enseignement éthique de Jésus à ses disciples, leur recommande de passer de l'observance empirique de la loi, à une compréhension renouvelée de son dessein spirituel.

La célébration de cette fête des pains sans levain, devrait aujourd'hui, être notre partage dans la mesure où elle nous invite à revenir en nous-mêmes et à nous regarder comme dans un miroir pour découvrir à quel point nous nous sommes éloignés de la ligne directrice que constitue la loi de Dieu, puis à changer de direction avec l'aide de Dieu. Oter le levain de nos pains signifierait alors extirper de nos vies toute trace de péché pour rester dans le giron de la grâce du Seigneur. C'est ce qui justifie cette interpellation de l'apôtre Paul à l'église de Corinthe : « ***Examinez-vous vous-mêmes, pour savoir si vous êtes dans la foi ; éprouvez-vous vous-mêmes. Ne reconnaissez-vous pas que Jésus-Christ est en vous ? À moins peut-être que vous ne soyez réprouvés*** »[43].

Ce qui nous est recommandé, c'est un effort permanent en vue de nous élever à une dimension spirituelle qui peut faire échec au péché envahissant qui nous tient un peu comme par nature et dont nous n'avons pas toujours les moyens efficaces pour nous en débarrasser. L'apôtre Paul nous recommande de ne pas nous lasser de nous efforcer pour en sortir parce qu'avec l'aide de Dieu nous pourrions y parvenir. La fête des pains sans levain devient donc un motif

[42] Louis Segond, *Opcit*, 1Corinthiens 5/6-7.
[43] *Idem*, 2Corinthiens 13/5.

d'interpellation de chacun de nous à revoir sa relation avec Dieu en acceptant de se purifier des péchés qui en compromettent le cours.

Le pain sans levain nous renvoie aussi au sacrifice que le Christ a consenti pour nous sur la croix de Golgotha afin que nos péchés soient complètement lavés. C'est pourquoi, il intervient pendant l'événement de pâques où le Seigneur, avant qu'il ne soit livré, rompt le pain et le distribue à ses disciples (Matthieu. 25:26; Luc. 22:19). Jésus devient ici l'accomplissement de cette fête des pains sans levain et peut en conséquence déclarer :

*« **Je suis le pain vivant descendu du ciel. Si quelqu'un mange de ce pain, il vivra éternellement, et le pain que je donnerai, c'est ma chair pour la vie du monde… en vérité, je vous le dis, si vous ne mangez la chair du Fils de l'homme… vous n'avez pas la vie en vous. Celui qui mange ma chair… a la vie éternelle et je le ressusciterai au dernier jour**[44] ».*

Toutefois, il ne s'agissait pas seulement de manger, et de se purifier de nos péchés, mais aussi d'apporter à Dieu quelque chose en signe de reconnaissance selon qu'il est écrit : « ***Tu ne te présenteras pas devant moi les mains vides*** »[45].

L'offrande qui, en cette circonstance particulière, est faite, devient une reconnaissance à Dieu pour ce salut obtenu à travers l'exode, l'octroi de la manne et le sacrifice consenti par Christ sur la croix pour notre salut. Elle acquière toute une dimension spirituelle qui, au-delà d'un rituel de purification, est l'expression de la reconnaissance à Dieu pour tous les biens dont il nous a comblés au cœur de nos désespoirs. Aujourd'hui elle prend la forme des actions de grâces que les chrétiens apportent à l'église, après qu'ils aient pu traverser certaines épreuves qui leur semblaient infranchissables si la main de Dieu n'avait pas pourvue.

---

[44] Louis Segond, *Opcit*, Jean 6/51-44.
[45] Alfred, Kuen, *La Bible du semeur*, Exode 23/15c.

La cérémonie du pain sans levain renvoie à l'événement de la repentance suivi d'un engagement à faire désormais la volonté de Dieu et à faire un geste de libéralité en reconnaissance à Dieu.

**De l'offrande des Prémisses**

« ***Tu observeras la fête de la moisson, des prémisses de ton travail, de ce que tu auras semé dans les champs*** »[46].

La fête des prémisses ou des moissons était la deuxième fête prescrite au peuple d'Israël. Elle consistait à présenter à l'éternel les tous premiers produits de sa récolte. C'était un véritable test de confiance pour un cultivateur qui ne savait pas encore ce que représenterait sa récolte au final. Il prenait donc le risque, avant d'avoir tout récolté, d'en apporter les toutes premières, qu'importe la quantité des récoltes en fin de course (abondante ou maigre). C'était donc une espèce de reconnaissance du peuple à Dieu en tant qu'il est le pourvoyeur de tout. Et si la récolte devait se limiter à ces prémisses, Dieu aurait le droit de les prendre toutes pour lui-même parce qu'elles étaient considérées comme lui appartenant entièrement. En sortes que le moissonneur n'était en fin de compte qu'un profiteur de la chose d'autrui. Il s'agissait, par rapport à la gestion des récoltes, de faire de l'offrande à Dieu une priorité. Dès lors, la fête des prémisses diffère des autres fêtes de reconnaissance voire de la dîme dans la mesure où la reconnaissance n'attend pas la fin des récoltes pour évaluer toutes les grâces reçues avant d'en extirper une quantité pour le pourvoyeur.

Une telle conception de l'offrande est évidemment difficile à comprendre dans un contexte où la lutte pour la survie participe de l'activité humaine. Il faut avoir une très haute idée de Dieu pour comprendre son rôle essentiel dans la production des biens d'autant plus que c'est l'homme qui est à la manœuvre, peinant et souffrant au quotidien pour creuser, bêcher, semer, entretenir les champs et récolter. Il est légitime de se demander à quel moment Dieu intervient-il pour qu'on lui attribue la paternité des récoltes. Il est certes possible

---

[46] Louis Segond, *Opcit*, Exode 23/16a.

d'arguer que qui Dieu soit le seul qui fasse croître. Toutefois, Ce qui est certain, c'est que cette première race du peuple de Dieu, à la suite de Caïn et d'Abel, ont fait montre d'une très grande foi en Lui apportant les prémisses de leurs récoltes. Il se trouve encore de nos jours, quelques rares chrétiens qui prennent au sérieux cette interpellation de Dieu au sujet de la fête dite des moissons ou des prémisses.

**De l'offrande des récoltes aux dons de reconnaissance**

La fête des récoltes est la troisième fête instituée par Dieu : « ***Tu observeras…la fête de la récolte, à la fin de l'année, quand tu recueilleras des champs le fruit de ton travail*** »[47].

Elle se présentait comme étant le couronnement de toute la série des fêtes de l'année. Elle devait prendre en compte toutes les grâces reçues et toutes les personnes impliquées ou non dans la réalisation de ces dites grâces : Dieu en premier, puis l'offrant, l'étranger, le pauvre, etc. C'est pourquoi elle avait lieu à « ***à la fin de l'année*** » selon les recommandations de Dieu : « ***Tu te réjouiras devant l'Eternel, ton Dieu, dans le lieu que l'Eternel ton Dieu choisira pour y faire résider son nom, toi, ton fils, ta fille, ton serviteur et ta servante, le Lévite qui sera dans tes portes et l'étranger, l'orphelin et la veuve qui seront au milieu de toi*** »[48].

Dans le sillage de cette fête, il avait également été prescrit la prise en compte des pauvres : « ***Quand vous ferez la moisson dans votre pays, tu laisseras un coin de ton champs sans moissonner, et tu ne ramasseras pas ce qui reste à glaner. Tu abandonneras cela au pauvre et à l'étranger*** »[49]. Cependant, avec l'avènement de Jésus et son sacrifice expiatoire, ces offrandes prendront la forme d'un don de reconnaissance : « ***Tu n'as voulu et tu n'as agréé ni sacrifices, ni offrandes, ni holocaustes, ni sacrifices pour le péché, ce qu'on offre selon la loi (...) Voici je viens pour faire ta volonté. Dieu abolit***

[47] Louis Segond, *Opcit*, Exode 23/16b.
[48] *Idem*, Deutéronome 16/11.
[49] *Idem*, Lévitique 23/22.

***ainsi la première chose pour établir la seconde*** »[50]. Ainsi, Christ qui « ***s'est offert une seule fois pour porter les péchés de plusieurs***» exige de nous, juste un acte de reconnaissance. C'est pourquoi, dans le contexte de la Nouvelle Alliance, les dons de reconnaissance revêtent un caractère particulier et exceptionnel. Ils y sont l'expression fervente d'un être qui reconnaissant la main de Dieu sur son être et son devenir, confesse sa foi en Dieu le pourvoyeur de toute grâce merveilleuse. Autrement dit, le chrétien par son don de reconnaissance dit à peu près cette prière au Seigneur : "**Seigneur, tu m'as tout donné malgré le fait que je persiste à m'éloigner de toi. Tu m'as donné la vie, un travail, une famille, des enfants et des moyens de m'en occuper. Tu m'as ouvert l'intelligence. Tu m'as donné un toit pour m'abriter avec ma famille. Je ne suis pas le dernier dans l'échelle sociale. Mais je reconnais aussi que je suis indigne de te rendre grâce comme tu le mérites. Dans ta grande miséricorde et ton grand amour, accepte ce peu que je t'apporte ce jour et continue à me bénir. Amen !".**

Certes, notre don ne peut en aucun cas équivaloir les grâces reçues de Dieu. Par ailleurs, chacun ne devra apporter d'offrande que selon qu'il aura résolu dans son cœur. (2 Cor.9/7). Toutefois, l'apôtre Paul rappelle qu'on ne récoltera qu'en mesure de ce qu'on aura semé (Gal. 6/7). Ainsi, « ***Celui qui sème peu moissonnera peu et qui sème abondamment moissonnera abondamment*** »[51].

Dieu est assez vigilant pour se rendre compte de nos désirs de falsification de la réalité ou de duperie. Nous semblons parfois confondre Yahvé, le Dieu créateur, avec les dieux de nos traditions séculières qui en fait ne sont que des esprits divinisés. Lesquels n'ont ni yeux pour voir, ni oreilles pour entendre, ni bouche pour parler ou pour apprécier le goût d'un bon rôtit de mouton et à qui nous pouvons parfois offrir une corde de chèvre à la place de la chèvre elle-même, ou une plume de poule à la place de la poule entière ou les senteurs d'un

[50] Louis Segond, *Opcit*, Hébreux 10/8-9.
[51] *Idem*, 2Corinthiens 9/6.

mouton brûlé à la place du mouton de chair et d'os, sans qu'il n'ait pu s'en apercevoir. D'ailleurs comment n'accepteraient-ils pas ces ridicules substituts s'ils n'ont pas de sens pour apprécier. Comment ne les accepteraient-ils pas dans la mesure où ils n'ont rien fait pour nous aider à les acquérir ? Le mendiant exige-t-il au bienfaiteur la somme qu'il lui donne ? Celui-ci la lui jette orgueilleusement et s'en va. À la différence de ces petits "dieux", Yahvé que l'on nomme à juste titre **Jehovah Jireh** parce qu'Il est le Dieu pourvoyeur de tout, contributeur à 100% de nos avoirs, mérite notre reconnaissance à la dimension de son ineffable bonté.

**Des Dîmes (Ma/3 :10-12 ; Nb 18 :24-32)**

Dans le livre des Nombres, il est écrit : « ***Je donne comme possession aux fils de Lévi*** (Entendons aujourd'hui : serviteurs de Dieu) ***toute dîme en Israël*** (Symbole de la maison de Dieu), ***pour tout service qu'ils font, le service de la tente d'assignation***»[52]. Cette dîme est donnée en possession aux serviteurs de Dieu non seulement parce qu'ils ont été mis à part pour le service du temple et pour l'entretien des âmes du peuple, mais aussi et surtout parce que Dieu les ayant exclu de l'héritage qu'il a accordé aux autres enfants d'Israël, afin qu'ils se consacrent entièrement à son service à travers la prise en charge spirituelle des autres (Nb.18/24), estime, logique, qu'ils en aient droit eu égard à leurs responsabilités et à leurs besoins.

En effet, après la conquête de la terre promise Dieu partage son héritage aux onze tribus en excluant la tribu des Lévites qu'il consacre exclusivement au service du temple. Les Lévites, qui n'ont donc rien en propre pour leur entretien et celui de leurs enfants, sont à la charge des autres tribus et devront, conséquemment, recevoir d'eux une part de leur héritage. Les quantités sont bien définies. Le prophète Malachie, reprenant les livres de Nombres et de Deutéronome, nous apprend en effet que la dîme c'est la dixième partie de ce que le Seigneur nous accorde chaque année. Ainsi, si j'ai gagné 100 F CFA, ma

---

[52] Louis Segond, *Opcit*, Nombres 18/21.

dîme est de 10 F CFA. Si j'ai récolté 10 sacs de haricots, ma dîme est d'un sac de haricot, ainsi de suite. Les 11 autres tribus sont en conséquence tenues de donner aux Lévites la dixième partie de leurs biens, comme salaire. A ce salaire s'ajoute une bonne partie des sacrifices ou des offrandes apportés à l'autel de Dieu.

Cette loi sur la dîme n'est pas du tout une nouveauté. Elle existe dès les premiers moments de la relation de Dieu avec son peuple. Le prophète y revient au motif que le peuple, sous le fallacieux prétexte que les temps étaient devenus difficiles et qu'il n'arrivait plus à joindre les deux bouts, en était arrivé à diminuer le prix de la dîme ou même à s'en abstenir comme par représailles à Dieu qui était tenu pour responsable de leurs difficultés. Le peuple détournait ainsi les dîmes de leurs destinations testamentaires pour d'autres besoins réels ou supposés. Pourtant, cette rétention ou ce détournement des dîmes n'avait pas permis de résoudre tous les problèmes du peuple qui, paradoxalement, devenaient de plus en plus importants. La situation du peuple allait de mal en pis.

Il y va de ce peuple rebelle comme de nombreux fidèles qui de nos jours, estiment que les temps sont devenus très durs et qui, en conséquence, refusent d'apporter dans la maison du Seigneur, ce qui lui est dû. Pourtant leurs problèmes ne sont jamais pour autant résolus. L'homme qui n'apporte rien sous prétexte qu'il est pauvre ne devient pas riche non plus. D'années en années il continue à clamer sa pauvreté.

La solution que prescrit le Seigneur à travers le prophète Malachie était toute trouvée : « ***Apportez à la maison du trésor toutes les dîmes afin qu'il y ait de la nourriture dans ma maison. Mettez-moi ainsi à l'épreuve et vous verrez si je n'ouvre pas pour vous les écluses des cieux, si je ne répands sur vous la bénédiction en abondance*** »[53]. Dieu exige donc de nous que nous lui apportions la dixième partie de nos avoirs. Les neuf autres parties, il nous revient de les gérer comme il nous convient. Cette dixième partie est considérée comme la

[53] Louis Segond, *Opcit*, Malachie 3/10.

semence pour les moissons futures. En effet, Lorsque le semeur récolte sa moisson d'arachide, il en garde toujours une semence pour les moissons à venir et ceci en mesure des moissons espérées.

**Le destinataire testamentaire de la dîme**

***« L'Eternel dit à Aaron : Tu ne posséderas rien dans leur pays, et il n'y aura point de part pour toi au milieu d'eux ; c'est moi qui suis ta part et ta possession, au milieu des enfants d'Israël. Je donne comme possession aux fils de Lévi toute dîme en Israël, pour le service qu'ils font, le service de la tente d'assignation, de peur qu'ils ne se chargent d'un péché et qu'ils ne meurent [...] Je donne comme possession aux Lévites les dîmes que les enfants d'Israël présenteront à l'Eternel par élévation »***[54]

Ce qui est dit présenté « par élévation », c'est ce qui est offert en toute sainteté à Dieu ; ce qui n'est pas destiné à résoudre les questions liées au temple ou à l'existence quotidienne des hommes, mais qui est considéré comme destiné à Dieu et qui permet à l'homme d'entrer en symbiose spirituelle avec Dieu. Ce qui est élevé, c'est ce qui appartient en exclusivité à Dieu et qui, par le fait de cette exclusivité, revêt une sacralité et un tabou tel que l'homme ne peut s'y approcher que dans une communion parfaite avec Dieu et si Dieu l'y invite.

Rappelons-nous que dans la liturgie de l'eucharistie, c'est Dieu qui nous invite à sa table où sont déposés son corps et son sang, dont la sainteté dépasse tout entendement humain. C'est cette chose tabouée que Dieu donne à son serviteur comme « ***droit d'onction*** ». Ses fils même n'y accèdent que par un privilège que leur donne leur consanguinité avec le serviteur et le lignage par lequel ils deviennent des futurs successeurs apostoliques. Ceux et celles qui se trouvent dans la maison du sacrificateur n'en bénéficient que par l'immense bonté de l'Eternel.

---

[54] Louis Segond, *Opcit*, Nombres 18/20-24.

Les serviteurs de Dieu n'en sont bénéficiaires que du fait de ce qu'ils soient entièrement consacrés au service du Dieu et n'ont pas d'autres activités que cette gestion du temple de Dieu. Et comme ils sont des êtres de besoin comme tous les humains (besoin de se nourrir et de nourrir leurs enfants ; besoin de se soigner et soigner leurs enfants, se vêtir, s'abriter, pourvoir à l'éducation de leurs enfants par devoir de responsabilité, etc.), il y a un grand risque de ne pas pouvoir le faire faute de moyen. La conséquence c'est qu'ils risquent de se rendre coupables de péché d'indélicatesse en vue de répondre à leurs besoins naturels ou d'assumer leurs responsabilités vis-à-vis de leurs progénitures.

De même les enfants d'Israël devront se tenir à l'écart du temple d'assignation dont la gestion est réservée aux oints de Dieu. Il y a un grand risque d'après le verset 22 qu'ils « ***se chargent d'un péché et qu'ils ne meuren***t » simplement pour avoir voulu s'occuper des choses sacrées qui ne sont pas de leur ressort mais de celui des serviteurs de Dieu.

Ces droits sont aussi attestés par le Nouveau Testament. En effet, lorsque Jésus envoie ses douze apôtres en mission, il leur donne les instructions suivantes :

« ***N'allez pas vers les païens et n'entrez pas dans la ville des Samaritains. Allez plutôt vers les brebis perdues de la maison d'Israël. Allez, prêchez et dites : le Royaume des cieux est proche. Guérissez les malades, ressuscitez les morts, purifiez les lépreux, chassez les démons. Vous avez reçu gratuitement, donnez gratuitement. Ne prenez ni or, ni argent, ni monnaie dans vos ceintures ; ni sac pour le voyage, ni deux tuniques, ni souliers, ni bâton. Car l'ouvrier mérite sa nourriture »***[55].

Dieu sait que les païens, entendez les incroyants ou les athées, n'auront aucune considération pour ses serviteurs. Rappelons qu'Israël avant le règne de Roboam, était une nation de douze tribus. Après la captivité assyrienne, les tribus se sont disloquées formant deux grands royaumes : celle d'Israël formée

[55] Louis Segond, *Opcit*, Matthieu 10/10

de 10 tribus sous la conduite de Jéroboam, et celle de Juda sous la direction de Roboam. Il fallait selon le programme de Jésus tout faire pour ramener ceux de Juda afin que la maison d'Israël retrouve son unité. Ce sont ces tribus disséminés dans les nations assyriennes que Jésus considère ici comme étant les « **brebis perdus de la maison d'Israël** ». Il s'agit en fait de ceux et celles que nous pouvons considérer aujourd'hui et à juste titre comme étant des chrétiens refroidis. Ces personnes ne sont pas étrangères à la voix de Yahvé. Elles en ont été éloignées par les circonstances particulières de la vie mais ne sont pas censés avoir oublié leurs traditions spirituelles. Elles peuvent donc être promptes à accepter, accueillir voire à entretenir le serviteur de Dieu.

La mission du serviteur de Dieu, dans ce contexte particulier, est clairement définie : guérir les malades, ressusciter les morts. Autrement dit, permettre aux brebis perdues de rencontrer le Seigneur de la vie pour sortir de leur situation de mort spirituelle ; donner la possibilité aux personnes impures de prendre le chemin de la sanctification qui seul peut conduire au salut ; chasser tout esprit démoniaque qui tente d'éloigner l'homme de son Dieu.

Finalement, la mission du serviteur de Dieu est immense et exaltante. Elle est si pressante et si grande, vu la puissance du péché, qu'il ne peut avoir de temps pour s'occuper d'autres choses. En conséquence, Dieu prescrit de ne s'encombrer de rien (ni d'or, ni d'argent ni de monnaie, ni de sac, ni de soulier, ni de tunique) et de se mettre ainsi à la disposition entière de ceux qu'il est appelé à servir. Non pas qu'il n'ait besoin ni d'or, ni d'argent, ni de soulier ou de sac, mais son entretien est tout à la responsabilité des brebis du Seigneur pour lesquels l'envoyé de Dieu se sacrifie.

L'auteur de I 'Epître aux Hébreux renchérit :

***« Souvenez-vous de vos conducteurs qui vous ont annoncé la parole de Dieu ; considérez quelle a été la fin de la vie et imiter leur foi (...). N'oubliez pas la bienfaisance et la libéralité car c'est à de tels sacrifices que Dieu prend plaisir. Obéissez à vos conducteurs et ayez pour eux de la déférence car ils***

***veillent sur vos âmes dont ils devront rendre compte. Qu'il en soit ainsi afin qu'ils le fassent avec joie et non en gémissant, ce qui ne vous serait d'aucun avantage*** »[56].

Dans l'Eglise primitive tout revenait aux Apôtres auxquels les fidèles devraient d'ailleurs tout confier. La gestion de la fortune de l'Eglise était sous la haute autorité du serviteur de Dieu et pour le bien de tous.

Ce n'est pas une faveur faite à Dieu que de soutenir son œuvre et ses serviteurs par des dons et des offrandes. C'est de la part des fidèles une obligation spirituelle et morale de remettre en signe de reconnaissance à Dieu une partie de ce qu'il nous donne. Le serviteur de Dieu mérite donc considérations, soins et entretiens en raison de ses responsabilités et surtout en raison de l'obéissance à de celui dont il est le vicaire. Il ne devrait peut-être pas vivre dans un luxe insolent. Toutefois il est nécessaire voire indispensable qu'il lui soit réservé certaines commodités dignes de sa noble vocation et du respect que sa fonction inspire.

Quelle honte que de voir le serviteur du Dieu vivant croupir dans une indigence qui ne rassure personne de la réalité du royaume de Dieu dont on dit déjà et pas encore là. Qu'il paraisse tout le temps dans un accoutrement et une mine désemparés, pourrait jeter l'opprobre sur le choix du service d'un Dieu dont on dit riche à tous égards. Le serviteur de Dieu se doit d'être la manifestation visible de la beauté et de la richesse du royaume de Dieu pour faire naitre l'espérance chez ceux qui fondent en Dieu, l'espérance d'une vie nouvelle de toute félicité, comme chez ceux qui en doutent encore.

Par ailleurs, il se trouve dans nos églises aujourd'hui une réelle confusion entre le ministère pastoral et le ministère d'anciens d'église. Certaines races d'anciens d'église qui surgissent en ce siècle de matérialisme tous azimuts et de narcissisme abusif, se perdent dans des comparaisons irrationnelles et alogiques entre les deux ministères. Ils veulent, eux aussi, poser des actes pastoraux

---

[56] Louis Segond, *Opcit*, Hébreux 13/7 ; 16 ; 17.

comme : prêcher l'évangile, imposer les mains pour bénir, conduire la liturgie de l'eucharistie, accéder au lieu très saint, manipuler les ustensiles consacrés, recevoir leurs parts dans les offrandes qui sont dévouées par interdit au Seigneur et par dérogation permanente à son serviteur parce que entièrement consacrées à l'Eternel. D'autres réclament à cor et à cris un traitement salarial sous prétexte d'être au service de Dieu au même titre que les ouvriers consacrés à ce service et à plein temps. Certains plus avaricieux, radins, ont tendance à ne pas comprendre que les serviteurs de Dieu dans l'exercice de leur mission sacerdotale puissent recevoir quelques avantages raisonnables liées à leurs service de base, comme ils les reçoivent eux, généralement et grassement, dans le cadre de leurs services publics. Certains même réclament des avantages dans la gestion du service du temple comme la préparation à la sainte cène, la conduite de la liturgie ou le prêche, l'encadrement des malades de la communauté, etc.

Aujourd'hui, les commissions financières de nos paroisses, et surtout certains hardis trésoriers sont devenus si zélés et auréolés d'un certain pouvoir en vertu duquel ils font la pluie et le beau temps au point où les premiers responsables de ces biens sur le plan testamentaire sont considérés comme leurs salariés qu'ils peuvent faire chanter pour recevoir la pitance qui leur est due. En conséquence, beaucoup de serviteurs vivent dans une certaine précarité, une pauvreté endémique presque sacralisée sous prétexte qu'ils auraient, en acceptant leur vocation, fait vœu de pauvreté. Soit, mais quel paradoxe ! Le gardien du temple d'assignation mourant de famine tout près du magasin du temple ! Il y va du serviteur de Dieu comme de cet humble roi gardien de nos traditions séculières qui ne manque de rien dans une chefferie ou tout le monde apporte quelque chose. Certes, le serviteur a lui aussi des obligations vis-à-vis des fidèles telles que décrites dans le texte de Mathieu 10/5b -10, que nous avons cité plus haut. C'est d'ailleurs ce qui fait dire aux chrétiens que les serviteurs de Dieu doivent par leurs comportements et leurs actions mériter tout le soutien qu'ils sont prêts à leur accorder.

Cependant, pour ce qui est du fonctionnement du royaume de Dieu, l'observation de la loi ne doit être soumise à aucune exigence si ce n'est celle de l'obéissance à la loi. Il n'est donc pas question de servir Dieu avec retenues et murmures sous prétexte que les bénéficiaires ne respecteraient pas leurs engagements vis-à-vis de Lui ou de son peuple. De même il n'est pas question pour les fidèles de ne point respecter leurs engagements sous prétexte que le serviteur n'aurait pas respecté les siens. Chaque partie n'a de compte à rendre qu'à celui qui l'a engagé dans le service : l'Eternel, le Maître de la vie.

Le serviteur de Dieu, par la consécration totale de sa vie et de son temps au service du temple, mérite donc de la part des autres fidèles la dîme nécessaire pour son entretien et celui de ses enfants. Ce n'est du tout pas un don volontaire de la part des fidèles, mais une exigence divine, une loi spirituelle, voire rationnelle. Le serviteur de Dieu ne devrait pas avoir le sentiment d'être tout le temps assisté par les autres, car cette « **assistance** » est le salaire qu'il mérite pour le service rendu l'ouvrier méritant son salaire. Et la recommandation est très claire qui dit : « ***Vous le mangerez, vous et votre maison, car c'est votre salaire pour le service que vous faites dans la tente de l'assignation*** »[57].

De même, les fidèles ne devraient pas avoir le sentiment d'être privés de leurs biens en faveur du serviteur de Dieu, comme si cela tenait de l'ordre de l'accessoire, du superfétatoire. Le respect de l'offrande de la dixième partie de ses avoirs au Lévite participe, chez le croyant, d'une exigence de l'ordre de la nécessité c'est-à-dire de ce qui ne peut pas ne pas être et dès lors, devient non pas simplement un coup de cœur en faveur du Lévite, mais un commandement de Dieu avec tout ce que cela comporte de gratification ou de rétribution, voire de rétorsion le cas échéant.

**La gestion de la dîme : (Deutéronome 14 :22-29)**

***« Tu lèveras la dîme de tout ce que produira ta semence de ce que rapportera ton champs chaque année. Et tu mangeras devant l'Eternel ton***

---

Louis Segond, *Opcit*, Nombres 18/31.

***Dieu dans le lieu qu'il choisira pour y faire résider son nom, la dîme de ton blé, de ton moût et de ton huile, et les premiers- nés de ton gros et de ton menu bétail, afin que tu apprennes à craindre toujours l'Eternel ton Dieu (...) tu ne dé- laisseras point le lévite qui sera dans tes portes, car il n'a ni part ni héritage avec toi. Au bout de trois ans tu sortiras la dîme de tes produits pendant la troisième année et tu la déposeras dans tes portes. Alors viendront le lévite qui n'a ni part ni héritage avec toi, l'étranger, l'orphelin et la veuve qui seront dans tes portes et ils mangeront et se rassasieront afin que l'Eternel ton Dieu te bénisse dans tous les travaux que tu entreprendras de tes mains*** »[58].

Remarquons que la dîme est présentée en deux temps : d'abord les deux premières années successives devant le Seigneur avec comme bénéficiaires l'offrant lui-même et sa famille (W 22-23) et le serviteur de Dieu (Lévite) (V27). Ensuite, la troisième année la dîme est divisée entre le Lévite, l'orphelin, l'étranger et la veuve.

Ainsi, la dîme est instituée en particulier pour soutenir les déshérités de la communauté. Voilà pourquoi le Seigneur est très regardant par rapport aux efforts qui sont faits par chaque fidèle pour s'acquitter de ce devoir.

Il n'est pas superflu de rappeler le texte de Nombres 18 : 24 :

« ***Je donne comme possession aux lévites les dîmes que les enfants d'Israël présenteront à l'Eternel par élévation. (...)*** »[59]. *Et* aux Lévites il recommande ***: « Lorsque vous recevrez des enfants d'Israël, la dîme que je vous donne de leur part comme votre possession, vous en prélèverez une offrande pour l'Eternel, une dîme de la dîme*** »[60].

C'est donc de la dîme reçue que le lévite peut apporter à l'Eternel sa propre dîme. S'il n'a rien reçu qu'apportera-il à son tour à son Dieu ?

---

[58] Louis Segond, *Opcit*, Nombres 22/23, 27-29.
[59] *Idem*, Nombres 18/24.
[60] *Idem*, Nombres 18/26b.

**La nouvelle dimension de la dîme**

Remarquons que Dieu insiste sur le don de la dîme à cause de la dureté du cœur de ses enfants qui ne pensaient pas devoir rendre grâce à Dieu comme Il le mérite. La dîme devient une espèce d'impôt appliquée sur le revenu de ses récipiendaires. Avec l'avènement du Christ et l'éclairage du Saint Esprit, le principe de la dîme passe de la dixième à la totalité de ce qu'on possède (**cf. la parabole des talents**). Il s'agit aujourd'hui de comprendre que le Seigneur attend de moi bien plus que cette dixième partie, tout ce que je suis et tout ce que j'ai. La dîme aujourd'hui n'est plus simplement une part de quelque chose mais la totalité de cette chose. Apporter sa dîme au Seigneur c'est donc lui confier sa vie et tous ses biens, afin que son temple, son serviteur, les affaires de son royaume ne souffrent d'aucun manque. N'oublions jamais que notre corps est le temple du Saint Esprit et que son entretien fait partie des préoccupations de la dîme.

# CHAPITRE IV :

# DES OFFRANDES A L'EGLISE EVANGELIQUE DU CAMEROUN

L'Eglise Evangélique du Cameroun, admet plusieurs types d'offrandes que l'on peut regrouper dans quatre grandes catégories :

- Les offrandes des cultes (Cultes hebdomadaires, Cultes spéciaux).
- Les offrandes mensuelles (Offrandes chrétiennes, Dîmes).
- Les offrandes annuelles (Dons de Reconnaissance, Collectes de Pentecôte, Collectes de SIDA, Collectes Regroupées, Offrandes dites du Vrai-Jeûne, Collectes d'aumônerie, Offrandes des Missions.
- Les Offrandes circonstancielles (Offrandes catéchuménales, offrandes d'investissement, Actions de grâces).

**Les offrandes du culte et leurs destinations**

- **Cultes hebdomadaires**

Abusivement appelées collectes du culte, il s'agit bel et bien d'offrandes apportées à l'Eglise lors des cultes du dimanche ou d'une fête chrétienne à l'instar du culte de Noel qu'importe le jour de la semaine où il a lieu.

À quoi servent ces offrandes du culte, pourrait-on se demander. Elles servent à supporter les charges de la paroisse : eau, électricité, communication, carburant, divers entretiens et réparations, matériels de bureau, courses diverses ; activités paroissiales (réceptions, missions, diaconie, salaires des personnels, diverses indemnités et/ou gratifications, déplacements, réunions, formations, évangélisation, culte d'enfants, jeunesse, aides aux mouvements, fonctionnement des commissions et sous-commissions techniques du conseil d'anciens, prise en charge sanitaire des bergers et leur famille, etc.) ; projets de développement de la paroisse, activités consistoriales, régionales et nationales, etc. Par ailleurs, 25% de ces collectes sont destinés aux problèmes domaniaux de l'Eglise.

Les offrandes des cultes hebdomadaires servent donc prioritairement à la vie de la communauté puis à assurer ses relations avec les autres structures de l'église à différents niveau de son organisation administrative et législative (consistoire, du synode régional et du synode général). Et comme la paroisse est la cellule de base de l'église, le lieu de la rencontre et de la communion fraternelle où l'adoration, la louange, l'écoute de la parole, les sacrements et les partages prennent forme et où la foi est vécue et entretenue, l'offrande du culte y devient un acte non seulement de foi, mais aussi et surtout de raison car, sans elle la communauté ne peut exister et s'épanouir matériellement. Elles servent en priorité à la vie de la communauté et son importance dépend de la qualité de vie et des activités que les fidèles souhaitent voir s'y développer. Cette offrande devrait normalement être minutieusement préparée pendant toute la semaine, avant le rituel du culte selon le conseil de l'apôtre Paul à ses amis de Corinthe : « *Que chacun de vous, le premier jour de la semaine, mette à part, chez lui, ce qu'il pourra, selon ses moyens, afin qu'on n'attende pas mon arrivée, pour faire les collectes*»[61].

- **L'offrande des cultes spéciaux.**

Les cultes spéciaux, d'après les textes de l'église, sont des collectes qui se font en dehors des cultes dominicaux, c'est à dire qui ont lieu en des jours ou à des heures et parfois en des lieux autres que ceux des cultes des dimanches ordinaires ou des jours consacrés au culte comme le 25 Décembre, la veillée de l'an ou le jour de l'an (quel que soit le jour de la semaine où ils ont lieu). À ce titre on peut citer parmi les cultes dits spéciaux, les cultes des services funèbres, les cultes nuptiaux, les cultes d'action de grâce et de commémoration, les cultes d'installation ou d'au revoir aux ouvriers ecclésiastiques et tous les autres cultes initiés par la communauté paroissiale ou la hiérarchie de l'église de façon occasionnelle pour recueillir des fonds ou pour célébrer un événement majeur dans la vie de l'église ou de la paroisse.

---

[61] Louis Segond, *Opcit,* 1corinthiens 16/2.

Ces cultes donnent lieu à des offrandes dont qui répondent à un critère spécial de gestion prenant en compte le clergé à hauteur d'un certain pourcentage clairement définit par les textes de base de l'église (Règlement intérieur).

La liturgie de l'Eglise n'ayant prévu aucun rituel d'offrande pendant les services de prière des temps de carême et de la semaine sainte pour des raisons d'ascèse liées à la dimension du recueillement et de la pénitence de ce moment crucial de la vie spirituelle, il est toutefois possible que certains responsables de paroisse, en accord avec leur Conseil d'administration, décident d'organiser ce rituel d'offrande pour des objectifs communautaires bien définies. Dans ce cas elles répondent aux critères de gestion des offrandes des cultes spéciaux selon les règles édictées par l'église en la matière.

**Les offrandes mensuelles et leur importance**

- **Les offrandes chrétiennes**

Il s'agit d'offrandes faites chaque mois à l'église pour le fonctionnement des services centraux de l'église et la prise en charge salariale du clergé. Cette offrande a donc deux fonctions principales : l'entretien du clergé et la prise en charge du fonctionnement des structures de l'église.

- **L'entretien du clergé**

A cause du non-respect de la dîme, qui selon les écritures bibliques, auraient pu suffire à l'entretien de l'ouvrier ecclésiastique et de sa famille, l'Eglise s'est vu obligée d'y prélever 55% pour soutenir l'entretien du serviteur de Dieu. Bien que ce soit insignifiant, cela constitue néanmoins un minimum vital nécessaire pour maintenir ses fonctions vitales et prendre en charge ses responsabilités sociales et familiales en attendant que la petite portion de la dîme et les efforts des communautés dans lesquelles ils assurent les services d'entretiens des âmes, fassent le reste selon qu'il est écrit :

***« Partez ; je vous envoie comme des agneaux au milieu des loups. Ne***

***prenez ni bourse, ni sac, ni souliers et ne saluez personne en chemin. Dans quelque maison que vous entriez dites d'abord : que la paix soit sur cette maison ! Et s'il se trouve là un enfant de paix, votre paix reposera sur lui ; sinon elle reviendra à vous. Demeurez dans cette maison-là, mangeant et buvant ce qu'on vous donnera ; car l'ouvrier mérite son salaire »***[62]**.**

- **Le fonctionnement des structures de l'Eglise**

45 % de ces offrandes sont destinées à soutenir toute la machine administrative de l'Eglise, les structures annexes, la formation des serviteurs de Dieu, le partenariat avec les Eglises sœurs etc.

Il faut cependant relever que cette offrande fait l'objet de beaucoup de confusions non seulement de la part de certains chrétiens malavisés, mais curieusement aussi, de la part de certains ouvriers ecclésiastiques peut-être pas assez formés sur la question ou qui seraient de mauvaise foi. En effet, pour la simple raison que ces offrandes sont apportées non pas pendant un culte et sans aucun rituel religieux, mais pendant la période d'enregistrement à la Sainte-cène le sens premier de l'offrande est édulcoré sinon radicalement perverti.

En quoi consiste cet enregistrement ? Il consiste à venir rencontrer le pasteur ou les anciens d'église et leur présenter une carte dite « **carte de membre communiant** » qui certifie que vous êtes spirituellement préparé à ce repas du Seigneur qui est en préparation et que vous comptez y participer effectivement. Les responsables de la communauté peuvent ainsi prévoir les espèces du rituel de Sainte-Cène en quantité suffisante pour prendre en charge toutes les personnes présentent. De là à établir un rapport entre l'offrande apportée et cet enregistrements et à penser que le premier conditionne le second, il n'y a même pas de pas à franchir. Le lien est très vite et malencontreusement fait entre ces offrandes et la Sainte-cène. Certains bergers en sont venus à interdire l'accès au service de Sainte-Cène à qui n'aurait rien apporté lors de l'opération d'enregistrement généralement appelée « **Signature des cartes** ».

---

[62] Louis Segond, *Opcit*, Luc 10/3-7.

Cette déviance est aussi en quelque sorte liée aux programmes de recouvrement des fonds institués par l'église et qui en situe la période juste après les cultes avec Sainte-Cène. L'Eglise en effet, attend des responsables des communautés chrétiennes qui la constituent, qu'ils récoltent absolument cette offrande et en ce moment-là et les reversent aux structures qui sont chargées de les utiliser ou de les répartir dans les différentes destinations consacrées. C'est d'ailleurs de ces offrandes que les ouvriers ecclésiastique reçoivent leur entretien salarial.

Le malentendu vient aussi de ce que dans cette église, la carte de participation à la Sainte cène est la même que celle de la participation aux offrandes chrétiennes. Sur cette carte, et pour une raison pratique, hors-mis l'espace réservé à l'enregistrement pour la participation à la cène, il se trouve également un espace pour l'inscription des offrandes chrétiennes qui n'ont pourtant rien à voir avec la Sainte-cène. Et c'est précisément au moment de l'enregistrement des fidèles à la Sainte-cène que ces offrandes sont perçues. Ce qui est plus grave c'est que l'église en a même définit les montants minimums au point où l'on se demande s'il s'agit de taxes ou de dons conscients et volontaires.

Les chrétiens par conséquent, en sont venus, eux aussi, à faire ce lien. Beaucoup de chrétiens d'ailleurs s'excluent d'eux-mêmes de la présence autour de la table du Seigneur lorsqu'ils n'ont pas pu apporter une offrande lors de cette fameuse signature des cartes. On a malheureusement le sentiment qu'il s'agit d'un impôt sur le repas du Seigneur. L'offrande devient, pour ainsi dire, une taxe. Or, le corps et le sang du Christ n'ont de prix que notre obéissance et notre reconnaissance. En effet, à quelle mesure d'argent peut-on évaluer le sacrifice que le Christ a consentit en donnant sa vie pour notre rédemption ? A combien de dollars ou d'Euro ou de Livres ou de Yen ou même de Francs CFA peut-on donner sa vie pour qu'elle soit enlevée ?

La vérité c'est qu'il n'y a, à proprement parler, aucun lien de causalité entre l'offrande chrétienne et la Sainte-cène. Aucune somme d'argent ne peut payer le sacrifice que le Fils de Dieu a consenti pour notre salut. Quand bien même il aurait un prix, cela ne peut se mesurer qu'à l'aune de notre engagement spirituel à vivre de la vie de celui qui s'est offert pour nous sur la croix de Golgotha. Rien à voir avec les questions d'argent. D'ailleurs, ces offrandes peuvent se donner à des jours différents des jours de préparation à la Sainte-cène. Les chrétiens devraient donc y participer, qu'importe leur capacité à contribuer financièrement aux charges matérielles de l'Eglise. Rien de mal non plus que ceux et celles qui sont prompts à apporter leurs offrandes au moment de la dite « **signature des cartes** » le fassent selon leur liberté, leur volonté et surtout leurs moyens.

Par ailleurs, l'offrande chrétienne n'est pas une offrande pour membres communiants uniquement. Lorsqu'on regarde aux fonctions qui y sont attachées, à savoir le fonctionnement de l'église et l'entretien salarial du clergé, ce sont tous les fidèles communiants ou non qui devraient être interpelés à contribuer dans la mesure où tous bénéficient, et au même titre, du service d'encadrement qu'offre l'église : formation spirituelle, diverses assistances, etc. Il serait par conséquent nécessaire que tous les membres de l'église, fidèles d'une communauté paroissiale, communiants ou non, soient identifiés par une carte de membre et soumis à l'offrande chrétienne mensuelle. En effet, aucun fidèle en tant que tel, ne devrait s'exclure de l'effort déployé pour la bonne marche des activités de l'église. Il est peut-être temps d'enseigner sur ce sujet afin que les fidèles en comprennent la nécessité et que cette offrande acquière toute sa valeur spirituelle.

- **Les dîmes**

Nous avons, fait remarquer plus haut que l'Eglise a été obligée d'octroyer les 55% des offrandes chrétiennes aux serviteurs de Dieu pour combler la défaillance due au non-reversement de l'entièreté de la dîme aux ayants-droit et pire, de sa rétention consciente ou inconsciente. Par ailleurs, la plupart des collectes instituées à l'Eglise sont des palliatifs à cette défaillance. Aucune Eglise n'aurait des difficultés à gérer ses structures et à réaliser sa mission si les chrétiens avaient continué à imiter les exemples de leurs ancêtres dans la foi par le reversement de toute la dîme. Il faut le redire avec emphase : « ***toute dîme ... appartient à l'Eternel ; c'est une chose consacrée à l'Eternel*** »[63].

L'Eglise Evangélique du Cameroun, pour le recouvrement de ces dîmes a dû instituer des offrandes spéciales en faveur des orphelins et des affligés (collectes de diaconie), des veufs ou veuves des ouvriers ecclésiastique et des serviteurs de Dieu retraités (collecte de Pentecôte). Mais pour ce qui est du dit « ***Droit d'onction*** »[64] à laquelle participe la dîme, l'Eglise Evangélique du Cameroun a choisi de laisser le soin à chaque fidèle d'en décider souverainement. Malheureusement les fidèles dans leurs grandes majorités ne prennent pas au sérieux cette responsabilité. Ne devrait-on pas instituer un dimanche de la présentation de la part de dîme destinée au Lévite ? En tout état de cause, à l'observation, il y a comme une mise à l'écart dans le canevas de formation des fidèles d'une telle disposition, pourtant biblique, et dont dépend d'ailleurs la perfection de la relation du chrétien avec Dieu, les textes de Malachie 3 ou de Deutéronome 18 sur le don de la dîme et les bénédictions subséquentes en faisant foi.

Tout serait parti de la critique que l'église formule contre l'enseignement sur la dîme telle que dispensé dans des églises dites « **de réveil** » qui en ont fait un véritable cheval de bataille dans le recouvrement des fonds destinés à la perpétuation de leurs doctrines. Leurs enseignements sur la question est perçue comme un subtile moyen d'escroquerie des fidèles qui sont comme sommés d'apporter, et à la lettre, la dixième partie de leurs revenus sous peine d'une sanction divine. On n'y voit plus du tout un acte de reconnaissance et de vénération mais une taxe sur le revenu avec des risques de justice répressive au cas où la loi ne serait pas respectée. Cette interprétation abusive de la dîme par

---

[63] Louis Segond, *Opcit*, Lévitique 27/30.
[64] *Idem*, Nombres 18/8.

ces églises de réveil ont conduit les ouvriers des églises dites traditionnelles à l'instar de l'Eglise Evangélique du Cameroun, à ne plus insister sur la dimension de la dîme, question de marquer une différenciation d'approche. Mais de là à ne plus en parler du tout aux chrétiens, c'est occulter consciemment une dimension de l'offrande prescrite par les textes bibliques.

Par ailleurs, les serviteurs de Dieu, destinataires testamentaires de la dîme, par une sorte de fausse modestie ou de honte à parler d'un don dont ils sont les premiers bénéficiaires, choisissent de se taire pour ne pas être taxés d'utilitaristes. Il convient peut-être que l'on commence à faire justice à la parole de Dieu en la proclamant dans son authenticité, sa véracité et son intégralité. Il serait par conséquent judicieux d'introduire ou de réintroduire dans le programme de formation catéchétique, les enseignements sur la dîme.

**Les offrandes annuelles et leur utilité**

- **L'offrande des récoltes**

La période des dons de reconnaissance ou fêtes des récoltes à l'église évangélique du Cameroun se présente comme l'un des moments clés de la vie de la paroisse. Elle se situe généralement entre les mois d'octobre et de Décembre, une période où chacun peut faire le bilan des grâces et des bénédictions de Dieu sur sa vie et en répondre par un acte de reconnaissance. On remarque une forte émulation au sein des communautés où les chrétiens et les groupes constitués en particulier rivalisent d'action de grâce au Seigneur et exposent leur plus grande vitalité à travers des dons en liquide mais aussi en nature, constitués de produits alimentaires et de dons en matériels pour le confort du temple. Les cultivateurs, les commerçants, les fonctionnaires apportent des offrandes conséquentes en rapport avec leurs activités.

Généralement, des sommes importantes récoltées à cet effet, une partie sert à soutenir les cibles financières que leur octroie la structure faitière administrative de l'église pour son fonctionnement et les relations extérieures telles que nous les avons indiquées plus haut au sujet du fonctionnement de l'église. Une autre partie permet d'initier certaines activités matérielles relatives au développement de la communauté paroissiale.

Il faut cependant noter qu'une telle cible devrait être couverte par les seules offrandes chrétiennes. Mais comme elle est généralement surévaluée par rapport aux capacités réelles des communautés, celles-ci sont très souvent obligées d'aller puiser ailleurs, notamment dans les dons de reconnaissance voire dans les offrandes catéchuménales qui normalement devraient servir à la couverture des activités paroissiales d'encadrement des fidèles de la communauté et de développement de la communauté dans un contexte où les communautés ne reçoivent aucune subvention de la structure faitière pour leur fonctionnement.

Les produits alimentaires sont destinés en priorité au soutien de l'alimentation du clergé et de sa famille et parfois à renforcer l'action diaconale en faveur des nécessiteux, selon l'appréciation du clergé, destinataire naturel de ces dons. Il convient de noter cependant certaines vices-de-forme orchestrés par certains collaborateurs du clergé, Anciens d'église, dans certaines communautés qui estiment être, eux-aussi, bénéficiaires de ces dons en nature au même titre que le clergé et qui se les accaparent au grand dam de leur bénéficiaires testamentaires. Il est peut-être urgent qu'une formation leur soit donnée sur ce sujet.

En tout état de cause la présentation des dons de reconnaissance dans les communautés paroissiales est un moment exceptionnelle d'euphorie en reconnaissance à Dieu et qui donnent généralement lieu à des préparations sérieuses avec chants, danses, dons et agapes aux allures d'une compétition pour le groupe qui saura mieux exprimer sa reconnaissance à Dieu. Une saine émulation qui rend belle cette période de fête de la reconnaissance. Dans certaines communautés, elle s'étend même aux familles chrétiennes qui tiennent à rendre grâce au Seigneur pour tous ses bienfaits en leur faveur et des membres de leur famille.

Pour nous résumer, disons que la fête des récoltes ou don de reconnaissance est d'abord une action de grâce personnelle, individuelle et non pas une exigence communautaire. Il s'agit pour le chrétien d'évaluer les grâces que le Seigneur lui a accordées, à lui et à sa famille et de l'exprimer à travers un don. Un véritable don de reconnaissance doit être réfléchi et motivé. C'est un don rationnel et logique qui finit par se transformer en une exigence morale et spirituelle, puis en une confession de foi. Ce don se divise en trois parties : Une part pour l'œuvre du Seigneur ; Une part pour le Lévite et une part pour soi-même, sa famille et les étrangers.

- **L'offrande de Pentecôte.**

L'offrande de pentecôte dénommée « **collecte de pentecôte** » est une offrande destinée à soutenir les ouvriers ecclésiastiques retraités ou les veuves des ouvriers selon qu'il est écrit dans l'épître aux Hébreux : « ***Souvenez-vous de vos conducteurs qui vont ont annoncé la parole de Dieu*** »[65].

Cette offrande est faite précisément le jour de la fête de la pentecôte en souvenir du jour où Dieu fît descendre son esprit sur ces disciples aux fins de les armer pour la mission d'évangélisation et de salut à eux confiée. L'église, en se référant à cet événement qui crée officiellement l'église avec la parole qui est prêchée grâce à l'action du Saint esprit, a pensé qu'il serait important de se souvenir des ouvriers qui ont servi l'église comme guides spirituels et qui ont pris leur retraite ou des veuves des membres du clergé rappelés à Dieu. Une offrande est ainsi faite en leur faveur dans le but de prendre en charge leur entretien dont l'essentiel était pris en charge par les communautés auxquelles ils appartenaient du temps où ils étaient encore en service, le minimum qu'octroie la structure centrale de l'église étant insignifiant pour cette prise en charge de personnes du troisième âge avec leur santé fragile du fait de leur âge.

[65] Louis Segond, *Opcit*, Hébreux 13/7.

Toutefois, cette collecte de pentecôte fait partie de l'objet de beaucoup d'incompréhensions, surtout de la part des fonctionnaires qui connaissent les prestations de la Caisse Nationale de Prévoyance Sociale (CNPS) à laquelle seraient affiliés tous les serviteurs de Dieu. De même les autres veuves et veufs de nos communautés comme les autres fidèles retraités estiment que c'est accorder un privilège immérité à certaines catégories de personnes sous prétexte qu'ils seraient issus de la classe des Lévites (Sacrificateurs).

Mais à bien regarder, le salaire mensuel des serviteurs de Dieu, les ouvriers ecclésiastiques notamment, pour le pasteur le plus ancien dans le grade le plus élevé, l'Eglise Evangélique du Cameroun, et ce n'est guère mieux ailleurs, n'a pu lui soustraire que 800 francs CFA par mois sur un salaire brut de 39900 (Trente-neuf mille neuf cent FCFA). Peut-être que l'on voudra relever les avancements de l'ordre de 500 (Cinq cent Francs CFA) par an, la prime de logement de 10 000FCFA et la prime académique mensuelle de 5000 ou 10 000 ou 15 000 ou 20 000 ou 25 000 FCFA selon qu'on n'est titulaire d'un diplôme d'école biblique, d'un Baccalauréat, d'une Licence, d'un Master ou d'un Doctorat en théologie. Mais qu'est-ce que cela représente vraiment dans un contexte comme le nôtre avec ses misères et le coût de la vie, pour qu'il ait été capable de faire des réserves substantielles pendant ses années de service en vue de préparer sa retraite ? À sa retraite, on s'imagine bien ce qu'il a pu cotiser à la Caisse Nationale de Prévoyance Sociale et qui pourrait lui être reversé en termes de pension retraite.

Par ailleurs l'âge de la retraite à l'Eglise évangélique du Cameroun est de 70 ans. Le serviteur quitte donc ses fonctions, affaibli par le poids de l'âge et incapable de s'occuper à autre chose qui lui soit rentable, encore qu'il n'en a pas eu l'occasion pendant toute sa vie, s'étant consacré, et à plein temps, au service de l'Eglise. Il devient donc logique qu'en reconnaissance à son service sacrificiel volontaire et joyeux, les fidèles, dans son temps de repos, lui apportent un certain soutien. Et si malheureusement, le serviteur décède, laissant femme et enfants sans aucune réserve parce que n'ayant été capable d'aucune économie substantielle pendant ses années de service eu égard à son misérable salaire, c'est de la responsabilité de l'Eglise de prendre en charge la famille qu'il laisse derrière lui sans ressources. Sinon ce serait un véritable manque de reconnaissance de la part de ceux pour qui il a dû consentir des sacrifices énormes pour que leur âme soit sauvée.

- **L'offrande du SIDA**

Cette offrande dénommée « **collecte du SIDA** » vise à soutenir l'action de lutte contre la pandémie du SIDA qui a pris des proportions inquiétantes. L'église, par cette collecte, dit sa solidarité à tous ceux ou celles qui se battent au quotidien pour l'éradication de cette maladie du siècle et surtout à ceux qui en sont victimes.

Remarquons cependant que beaucoup de fidèles ignorent les différentes destinations de ces fonds et ont, par conséquent, tendance à les bouder estimant qu'il n'est pas normal de collecter de l'argent pour des gens coupables d'immoralité sexuelle ou d'impudicité. De même les dernières informations sur la réalité de la séropositivité, nous font voir qu'on a injustement crié "ô voleur !" alors que c'est un chien qui passait par là. Les tests ne prouveraient plus rien, puisque la séropositivité pourrait être déclarée même sous l'effet de la présence du germe de la malaria, de la tuberculose et de nombreuses maladies guérissables. Les anti-rétro-viraux constitueraient même les plus grands dangers pour les malades et seraient causes de plus de 70% des décès des personnes testées séropositives. Tous ces arguments mettent en difficulté l'argument avancé pour cette collecte. Encore que les destinataires potentiels n'en sont pas toujours les bénéficiaires quand on en voit le cheminement des temples aux malades : des ponctions sont faites au fur et à mesure que les sommes remontent vers les structures chargées de leur utilisation. En fin de compte, les potentiels malades n'en reçoivent que miettes. Pourtant c'est un devoir chrétien que de voler aux secours des personnes malades.

Il y a certainement un besoin d'information des fidèles sur les voies probables de contamination qui ne se résument pas dans la seule sexualité mais qui peuvent s'étendre aux transfusions sanguines ou à une mauvaise gestion de l'accouchement d''une mère contaminée et ce serait injuste de condamner un enfant qui contracte la maladie involontairement à sa naissance. Par ailleurs, l'infidèle sexuel, n'est-il pas susceptible de se repentir de sa désobéissance et de bénéficier de la grâce d'un Dieu qui ne veut pas la mort du pécheur mais qu'il se repente et qu'il vive (Ez.33/11) ? D'où notre obligation, comme chrétien, de pourvoir à leur guérison.

- **Les offrandes regroupées.**

Dénommée « **collectes regroupées** » cette offrande vise à soutenir les structures de l'Eglise comme, la Jeunesse, le Culte d'Enfants, les Mouvements et bien d'autres initiatives de l'église pour l'encadrement de ses fidèles. Elles ont été instituées en tant que « collectes regroupées » pour limiter les occasions de sollicitation des fidèles à travers de nombreuses petites collectes qui donnent l'impression que l'église leur en demande trop. Aujourd'hui l'on s'interroge sur la véritable destination de ces collectes lorsque malgré cela, des appels de fonds continuent d'être faits pour la jeunesse, le culte d'enfants, les mouvements, etc. Les paroisses, les consistoires et les régions sont même contraints à inscrire dans leur budget de fonctionnement des rubriques que l'on retrouve déjà dans ces collectes dites regroupées. D'où la réticence de certaines communautés à reverser les sommes exigées.

- **L'offrande du vrai-jeûne.**

Il s'agit d'offrandes faites pendant la période de carême dont la destination exclusive est la prise en charge diaconale des nécessiteux de la communauté paroissiale en priorité et, par extension, des autres nécessiteux quel que soit leur appartenance spirituelle. Les premiers concernés sont les malades, les personnes en situation de handicap à travers les structures où elles sont prises en charge : les orphelinats, les maisons de retraites, etc. Cette offrande est une claire réponse à l'interpellation du prophète Esaie lorsqu'il dit :

« ***Voici le jeûne auquel je prends plaisir : détache les chaînes de la méchanceté, dénoue les liens de la servitude, renvoie libre les opprimés, et que l'on rompe toute espèce de joug ; partage ton pain avec celui qui a faim et fais entrer dans ta maison les malheureux sans asile ; si tu vois un homme nu couvre le et ne te détourne pas de ton semblable. Alors ta lumière poindra comme l'aurore, et ta guérison germera promptement ; ta justice marchera devant toi et la gloire de l'Eternel t'accompagnera. Alors tu appelleras et l'Eternel répondra ; tu crieras et il dira : Me voici ! Si tu éloignes du milieu de toi le joug, les gestes menaçants et les discours injurieux, si tu donnes ta propre subsistance à celui qui a faim, si tu rassasie l'âme indigente, ta lumière se lèvera sur l'obscurité et tes ténèbres seront comme le midi*** »[66].

- **L'offrande des missions**

Dénommées « **collecte de la Réformation** », ces offrandes ont pour but de soutenir la mission évangélisatrice dans le monde. En cette occasion les églises protestantes du Cameroun réunies sous la plateforme du CEPCA (Conseil des églises protestantes du Cameroun) se mobilisent pour fédérer leurs énergies à travers un échange de chaire du clergé autour d'un thème fédérateur d'évangélisation. Des collectes sont faites, dans toutes les communautés constitutives du conseil, pour soutenir cette mission commune d'évangélisation.

- **L'offrande pour l'aumônerie**

Dénommée « **collecte d'aumônerie** », elle a pour but de soutenir les services d'aumônerie dans les établissements scolaires et pénitentiaires. Elle est l'expression de la mission de prise en charge des personnes en situation particulière qui ont besoin non seulement de fondation éthique mais aussi de recadrage morale pour une meilleure resocialisation.

---

[66] Louis Segond, *Opcit*, Esaie 58/7-10.

**L'opération "12 mois sur 12"**

Il s'agit d'une opération qui consiste à collecter des fonds pour permettre à tous les ouvriers ecclésiastiques quel que soit leur lieu de service et les moyens dont dispose leur communauté pour prendre en charge leurs besoins essentiels, d'avoir le minimum nécessaire tout au long de l'année. Il faut noter que la prise en charge des ouvriers ecclésiastiques dépend des moyens dont dispose la communauté pour le faire. Certaines communautés, surtout celles des zones rurales ou des zones où la mayonnaise de l'évangélisation est encore en cuisine, à cause de la précarité de leur moyens, ne sont même pas à la hauteur de pourvoir à la pitance mensuelle des serviteurs de Dieu. Malgré le système de solidarité mis en place par l'administration de l'église pour permettre aux communautés plus nanties de redistribuer leur superflu pour soutenir les autres moins nanties, il reste qu'il y a toujours un manque à gagner dans la prise en charge salariale du clergé dont le nombre est devenus très croissant peut-être à cause de nombreuses nouvelles vocations ou à cause d'une récession économique dont on ne souhaite pas parler à titre de mobile possible de ce boom vocationnel. Dans tous les cas, il faut trouver de nouveaux moyens pour résorber le problème de cette prise en charge salariale. Et l'église n'a trouvé de solution que d'exiger des fidèles un autre élan de solidarité à côté des efforts remarquables qu'ils font déjà.

Le problème aujourd'hui c'est que plusieurs dizaines d'années après que cette opération ait été lancée, il se pose un réel problème d'évaluation à cause de l'indisponibilité des comptes rendus. L'opacité de la gestion de ces fonds fait peser un réel doute sur leur destination effective à l'heure où les ouvriers des zones en difficultés continuent de crier misère malgré l'importance des sommes collectées. On en vient à se demander s'il ne faut pas soumettre cette opération au crible d'une évaluation objective avant de décider de sa nécessité à l'heure où les fidèles crient à une exacerbation des sollicitations en matière d'offrandes.

L'opération "12 mois sur 12" en tant qu'opération, ne devrait-elle pas répondre à un calendrier bien précis et donc à une évaluation qui en détermine l'efficacité et la nécessité ?

**Les offrandes circonstancielles**

- **L'offrande catéchuménale.**

Ces offrandes sont recommandées aux nouveaux convertis et candidats au baptême ou à la confirmation et, par extrapolation, aux parents d'enfants qui demandent pour leurs jeunes enfants (de 0 à 6ans) le baptême. Il faut avouer que ces offrandes posent un réel problème d'éthique. On se demande bien pourquoi ces candidats au baptême devraient-ils apporter une offrande et à quel titre. Cela a tout l'air d'un monnayage d'actes pastoraux en contradiction avec les textes fondamentaux de l'Eglise qui l'interdisent formellement. Certains membres du clergé en sont venus à refuser le baptême à des enfants ou à des catéchumènes qui n'auraient pas pu verser les sommes exigées sans pourtant être interpellés par le conseil de discipline de l'église. Comment le ferait-il d'ailleurs lorsque ces offrandes dites catéchuménales font officiellement partie des recettes exigées aux communautés par le code financier de l'église.

Ce qu'il convient de savoir, c'est que toute offrande est une action de grâce. Que le Seigneur nous reçoive, nous et nos enfants dans le giron de sa grâce à travers le sacrement de baptême, devrait être une occasion d'action de grâce pouvant ou devant donner lieu à une offrande d'action de grâce à Dieu. L'exigence d'une offrande aux nouveaux convertis ou aux enfants à l'occasion du sacrement de baptême devient par conséquent, toute une pédagogie destinée à enseigner l'importance de l'action de grâce aux néophytes. Toutefois, il y a de grandes confusions qui naissent de la tarification de cette action de grâce et qui font passer l'offrande de l'action de grâce qu'elle aurait dû être, à une taxe sur le sacrement, ce qui dénature proprement l'acte. Il serait donc plus logique de faire de cette offrande non pas une exigence mais une recommandation.

- **L'offrande d'investissement**

Il s'agit d'offrandes apportées pour des investissements ciblés, comme la construction d'infrastructures ou l'extension du patrimoine immobilier de l'église ou de la paroisse. Elles sont initiées soit par l'organe administratif de l'église sur recommandation du synode général et à ce moment-là ce sont tous les démembrements de l'église (Paroisses et œuvres) qui sont concernés par ces quêtes ; soit par des communautés singulières en raisons des projets de développement de la paroisse initiés par l'Assemblée Paroissiale en fonction de leurs ambitions de développement.

En définitive, le moment choisi pour recueillir les offrandes dans l'ensemble de la liturgie de l'église chrétienne, l'Eglise Evangélique du Cameroun en particulier (Après la confession de foi suite à l'interpellation de la parole de Dieu), démontre à suffisance qu'il s'agit d'une réponse active du pécheur à l'interpellation de Dieu par laquelle il traduit son engagement à œuvrer pour la réalisation du règne de Dieu. Le pécheur gracié et dont l'alliance a été renouvelé, réagit ainsi, en toute l'humilité, devant la face de Dieu pour lui dire sa reconnaissance en apportant une partie des biens reçus de Lui. C'est pourquoi ces offrandes ne devraient pas être une pièce perdue qu'on retrouve comme par enchantement à l'instant du don, mais un acte spirituel accompagné accomplit dans la prière et la crainte de Dieu. En effet, aucune offrande à Dieu ne devrait s'improviser. Au contraire elle devrait être préparée longtemps à l'avance afin que la quantité et la qualité y soient.

## CHAPITRE V :

## DE LA DIMENSION PSYCHOLOGIQUE DE L'OFFRANDE

Au plan psychologique, l'offrande est portée par des exigences relatives à la liberté, la joie, la générosité, l'humilité, la discrétion et la volonté de l'offrant. Mais tout commence par une bonne préparation psychologique et matérielle.

### La préparation de l'offrande

L'apôtre Paul aux églises d'origine païenne de Macédoine écrit : « ***Pour ce qui concerne les collectes en faveur des Saints, agissez, vous aussi, comme je l'ai ordonné aux églises de la Galatie. Que chacun de vous, le premier jour de la semaine, mette à part chez lui ce qu'il pourra, selon sa prospérité, afin qu'on n'attende pas mon arrivée pour recueillir les dons*** »[67].

Il n'est pas superflu de préciser que l'appellation de "**Saints**", à l'origine, était réservée à tous ceux qui acceptaient de suivre Jésus le Christ en tant que disciples. C'est plutard qu'ils porteront le nom de "Chrétiens".

Le « ***premier jour de la semaine*** » était le jour consacré à l'adoration de Dieu. Tous les Saints devraient, à cet effet, se rendre à leur lieu de prière et d'adoration pour rendre grâce au Seigneur et écouter l'évangile du Christ. À cette occasion toute sorte d'offrandes était faite pour soutenir la mission d'évangélisation. Mais, l'apôtre Paul exhorte les Saints, au-delà des dons réguliers de ces jours de rencontre, à avoir une pensée pour les frères de Jérusalem et à se préparer matériellement à leur venir en aide.

Le contexte de cette initiative d'organisation des offrandes est celui des difficultés que traversaient ces chrétiens d'origine juive. La misère et la pauvreté avaient tellement miné leur existence quotidienne qu'il fallait craindre que leur foi en Jésus en prenne un coup. En effet, comment suivre un Dieu qui promet aux fidèles, bonheur et prospérité tous azimuts mais qui ne fait aucun cas de ces

[67] Louis Segond, *Opcit*, 1Corinthiens 16/1-2.

personnes qui, du jour au lendemain, sombrent dans un misérabilisme inhumain ? Et pendant ce temps, certains peuples, qui rejettent de façon systématique et sans ambages l'évangile du salut en Jésus-Christ, s'émancipent de leur précarité et s'épanouissent ostentatoirement. Comment prêcher l'amour quand certains chrétiens comme ceux de la Galatie, d'Achaïe et de Macédoine, d'origine païenne, vivent dans une certaine opulence tandis que leurs frères de Jérusalem se morfondent dans l'attente d'un bonheur onirique qui tarde à devenir réalité ?

L'apôtre Paul estime qu'il n'y a pas de christianisme qui soit fondé en raison si les frères et les sœurs ne sont pas en capacité de se tendre la main en signe de solidarité. C'est ce qui justifie son appel à contribution pour le soutien des chrétiens de Jérusalem en difficulté. Ce sera une élégante manière de témoigner de l'unité de l'église comme corps du Christ. Il n'y a pas de corps sans que l'harmonie soit parfaite entre ses membres. Les éléments d'un même corps devraient vivre une certaine symbiose par laquelle, la déchéance d'un membre pourrait induire celle du corps tout entier. Nous avons une belle illustration de cette affirmation dans un texte analytique de l'apôtre Paul adressé aux Corinthiens : « ***Le corps n'est pas un seul membre, mais il est formé de plusieurs membres. Si le pied disait : parce que je ne suis pas une main, je ne suis pas du corps, ne serait-il pas du corps pour cela ? Et si l'oreille disait : parce que je ne suis pas un œil, je ne suis pas du corps, ne serait-il pas du corps pour cela ? Si tout le corps était œil, où serait l'ouïe ? S'il était toute ouïe, où serait l'odorat ? Maintenant, Dieu a placé chacun des membres dans le corps comme il a voulu. Si tout était un seul membre, où serait le corps ? Maintenant donc il y a plusieurs membres, et un seul corps. L'œil ne peut pas dire à la main : je n'ai pas besoin de toi ; ni la tête dire aux pieds : je n'ai pas besoin de vous*** »[68].

Ainsi, fondés sur l'unité en Christ qui est la tête du corps, le soutien mutuelle devient une exigence religieuse de l'ordre de la nécessité. Toutefois,

---

[68] Louis Segond, *Opcit*, 1Corinthiens, 12/12-21.

pour qu'une telle action ait un impact significatif sur la communauté en question, il est nécessaire que l'on se prépare psychologiquement et matériellement à l'avance. Certains chrétiens, lorsqu'arrive le moment de l'offrande à Dieu, se comportent comme s'ils ne s'y attendaient pas du tout. Comme surpris, ils plongent la main partout et la pièce perdue qui trainait quelque part est récupérée comme par enchantement et brandie à Dieu comme offrande. C'est parfois un voisin qui est sollicité pour ne pas paraître devant Dieu les mains vident. Cela est d'autant plus curieux dans un contexte africain où les traditions généralement exigent que l'on n'aille jamais rencontrer le roi sans lui offrir quelque chose de valeur. D'ailleurs dès qu'un tel projet de rencontre avec le roi est conçu, la première chose à laquelle l'on pense, c'est le présent qui nous ouvrira la porte du roi. Pourtant, bien que Dieu s'appelle, Roi des rois, on semble faire peu cas de lui que de nos roitelets. Il faut donc bien se préparer avant de se présenter à l'autel de Dieu pour Lui présenter une offrande.

L'image de la fourmi qu'emprunte l'auteur des proverbes, nous semble très approprié pour exposer cette dimension de la préparation :

« ***Vas vers la fourmi, paresseux ; considère ses voies, et deviens sage. Elle n'a ni chef, ni inspecteur, ni maître ; elle prépare en été sa nourriture, elle amasse pendant la moisson de quoi manger. Quand te lèveras-tu de ton sommeil ? Un peu de sommeil, un peu d'assoupissement, un peu croiser les mains pour dormir !...Et la pauvreté te surprendra, comme un rôdeur, et la disette comme un homme en armes*** »[69].

Le sage Salomon dans ce livre des Proverbes nous apprend que la fourmi qui n'a ni chef, ni inspecteur, ni maître, sait préparer ses provisions en été, en amassant la nourriture pendant la moisson afin que lorsqu'adviendrait la disette, elle n'en souffre point. Ce comportement de la sage fourmi est décrit avec beaucoup d'éloquence et de style dans les fables de Lafontaine où il met en opposition la sage fourmi et l'inconsciente et paresseuse cigale :

---

[69] Louis Segond, *Opcit*, Proverbes 6/6-11.

***« La Cigale, ayant chanté tout l'été, se trouva fort dépourvue. Quand la bise fut venue, pas un seul petit morceau de mouche ou de vermisseau. Elle alla crier famine chez la Fourmi sa voisine, la priant de lui prêter quelque grain pour subsister jusqu'à la saison nouvelle. « Je vous paierai, lui dit-elle, avant l'août, foi d'animal, intérêt et principal ». La Fourmi n'est pas prêteuse ; C'est là son moindre défaut. « Que faisiez-vous au temps chaud ? » Dit-elle à cette emprunteuse. « Nuit et jour à tout venant je chantais, ne vous déplaise. Vous chantiez ? J'en suis fort aise : Et bien ! Dansez maintenant ».*** [70]

La fourmi est ici présentée comme un être seul, sans soutien et sans boussole. Elle ne compte donc que sur elle-même pour survivre et faire face à la réalité. A cause de cette condition elle est prévoyante. Elle se lève tôt, travaille d'arrachepied, prépare ses greniers et les remplie en période d'abondance pour se mettre à l'abri des besoins du temps des vaches maigres. Elle ne veut pas être prise au dépourvu le moment venu.

Nous avons donc, pour nous aller à l'autel de Dieu en vue de lui présenter une offrande, à être suffisamment disposés à le faire à travers une bonne préparation spirituelle, psychologique et matérielle, sans quoi la portée spirituelle de notre offrande s'engonce et disparaît dans un ritualisme sans consistance. L'offrande à Dieu ne devrait donc pas se faire dans la précipitation. Elle exige que nous prenions le temps d'une bonne préparation psychologique et rationnelle afin qu'elle soit à la mesure de l'action de grâce à Dieu.

## La liberté de l'offrant

La liberté de l'individu est une dimension fondamentale de l'enseignement du Christ, liée à la voie personnelle du salut qu'il propose. Refusant l'idée d'un déterminisme ou d'un destin fixé à l'avance, il affirme que chacun devrait pouvoir tracer son propre chemin et, soi-même « ***enlever la***

---

[70] Jean Lafontaine, *La cigale et la fourmi*, Paris, Claude Barbin, 1668.

***poutre de son œil*** »[71] aux fins de voir, clairement, le chemin qu'il doit suivre. Si le Verbe « ***s'est fait chair*** » en vue de notre libération, comme nous le révèle l'apôtre Jean[72] vulgarisateur de la pensée du Christ, nous sommes engagés dans la création d'une vie nouvelle par la liberté que nous octroie notre libération en Christ. Une liberté structurée par la perspective des nouveaux cieux et de la nouvelle terre dont la Bible nous indique l'avènement. Comme on peut le constater à la lecture des écrits, Jésus lui-même se libère des liens qui l'unissent à sa famille lorsqu'il s'échappe du compagnonnage de ses parents sur le chemin de Jérusalem pour s'unir aux Rabbins dans l'intelligence de la parole de Dieu. Par ailleurs, on le voit briser les liens de maternité par cette question osée à ses disciples : « ***Qui sont ma mère et mes frères ?*** »[73]. Il pousse la révolte jusqu'au mépris lorsque, pour nommer sa mère, il l'appelle « **Femme** »[74]. Dès lors, les liens de maternité sont rompus et la figure de la mère se dissout dans celle de toutes les femmes de la terre. À sa suite il recommande à ses disciples d'en faire autant : « ***Si quelqu'un vient à moi sans me préférer à son père, sa mère, sa femme, ses enfants, ses frères, ses sœurs, et même à sa propre vie, il ne peut être mon disciple*** »[75].

Dans un environnement où chacun est lié par les réalités ethniques, sociales, religieuses, familiales, il s'agit pour ceux qui adhèrent à la pensée du Christ, de commencer par briser leurs chaînes. L'emphase est faite sur l'émancipation du sujet. Ce qui est valorisé ici, c'est la liberté de choix de l'individu. Nulle fatalité ou détermination, ne doit altérer notre possibilité de choix. Il est évident que l'individu n'est pas parfait et peut, par conséquent, être sujet à certains manquements et conditionnements psychiques, susceptibles d'entraver sa liberté. Toutefois, il est tout aussi évident que la grandeur de l'être humain réside dans cette capacité de choix. Nous en avons la preuve dans le

---

[71] Collectif, *La Bible,* Traduction œcuménique, Biblio - Société biblique française, Cerf, 2010, Luc 6/42.
72 Louis Segond, *Opcit*, Jean 1/1-18.
73*Idem,* Marc 3/3,
74 *Idem*, Jean 2/4, Idem.
[75]*Idem*, Luc 14/26.

récit de « **l'Enfant prodigue** » que nous rapporte l'évangile selon le témoignage de Luc[76].

Il s'agit de l'histoire d'un fils qui à cause de son immaturité mais surtout du désir de s'éprouver soi-même, réclame et reçoit de son père sa part d'héritage et s'éloigne de lui pour en disposer selon sa liberté. Son père ne lui en veut point et n'éprouve aucune tristesse à l'idée de l'émancipation de son fils. Tout ce qu'il souhaite c'est la réussite de celui-ci. Il lui concède sa liberté. Malheureusement, l'enfant s'étant éloigné du contrôle permanent et assidu de son père, détruit son héritage et tombe en faillite, par le fait d'une gestion inexperte. Il succombe sous le poids des difficultés de survie et décide de s'en repentir en revenant sur ses pas pour, de nouveau, se soumettre à la vigilance et au dictat de son père dont il voulait, pourtant, se libérer. Cela peut se comprendre comme un vouloir-prendre-un-nouveau-départ.

Ce qu'il y a d'intéressant dans ce récit, c'est que la notion de "péché mortel" ou de "crime d'apostasie", n'existe pas en langage christique. Aucun échec n'est irréversible. On peut toujours repartir. Il y a toujours une possibilité de recommencer, de tenter une nouvelle expérience. Rien n'est définitif, scellé d'avance. La voie est ouverte afin que nous la prenions ou la renions. Tout dépend de nous et de nous seuls. Le rôle de Dieu, si nous lui en faisons la demande, est simplement de nous accompagner dans notre choix. Il s'agit donc, pour nous, de prendre conscience des difficultés inhérentes à nos engagements, et de repartir, sans jamais nous décourager.

On peut cependant, remarquer l'échec d'une liberté qui veut se construire loin du regard d'amour et du conseil de Dieu. Le fils aîné, dans cette parabole de l'enfant prodigue, n'a jamais perdu sa liberté, et sa réussite est liée au fait qu'il soumet sa liberté au regard bienfaisant de Dieu. C'est pourquoi la modernité que promeut le Christ n'est pas la même chose que cet individualisme des siècles des lumières où on remarque une sorte de divinisation de l'humain. L'individu que

[76] Louis Segond, *Opcit*, Luc 15/11-32.

promeut le Christ n'est pas celui d'un Njoh Mouelle auquel on attribue toutes les qualités d'initiative sans que Dieu ait son mot à dire dans sa prise de décision.

Ce qui nous paraît intéressant, dans la pensée du Christ, c'est cette exaltation de la liberté individuelle à l'heure où les pesanteurs du groupe et des traditions autant que certains rituels liturgiques nous imposent certaines façons d'être et de faire, notamment dans la question de l'offrande à Dieu. L'apôtre Paul est assez clair sur ce sujet : « ***Que chacun donne comme il a résolu dans son cœur sans tristesse, ni contrainte*** »[77].

Il ressort de cette interpellation de l'apôtre Paul qu'un véritable don doit se faire en toute liberté, entendue comme absence de toute contrainte surtout extérieure. La décision de donner devra venir de nous-mêmes, de notre conscience, après un jugement logique et objectif des mobiles et motifs de notre acte. Lorsque notre don sera simplement motivé par l'obligation du respect d'une loi fût-elle de Dieu alors que nous n'en avons aucun véritable entendement, le don devient une simple commodité et dès lors perd toute sa valeur morale et spirituelle.

Chaque offrant devra donc agir selon une analyse personnelle des raisons qui pourraient justifier son action. Il peut s'agir d'une prise de conscience des grâces reçues de Dieu ou d'un choix personnel de respecter une prescription divine par conviction, par contagion affective ou par ferveur. Ce qui compte c'est que la décision vienne de moi et de moi seul et que je puisse en assumer les conséquences sans me plaindre.

Dieu exige de nous que nous puissions lui apporter en signe de reconnaissance notre offrande. Mais il s'agit d'obligation morale et spirituelle. Nous ne serons pas jetés en prison si nous ne sommes pas reconnaissants à Dieu. Nous continuerons à vivre et même parfois à goûter à un certain bonheur. Nous pourrions toujours amasser beaucoup de trésors sur la terre même si nous aurons les mains vides au ciel. L'exigence du don n'est pas une contrainte. Il y a ici une

[77] Louis Segond, *Opcit*, 2Corinthiens 9/7b.

forte idée de choix, de libre arbitre. Tout se passe comme au jardin d'Eden où l'homme est placé devant le bien et le mal et est exhorté à choisir le bien pour vivre. L'homme est aussi libre de choisir le mal pour mourir comme il l'a d'ailleurs fait. Je devrais donc agir en toute responsabilité parce que toute liberté doit se résorber dans le concept de responsabilité, cette obligation d'assumer nos choix et de les porter héroïquement.

Toutefois, cette exigence de liberté ne devrait pas conduire à apporter au Seigneur le pourvoyeur de toute grâce merveilleuse, un don qui ne nous coûte rien. Certes, chacun est libre d'apporter selon son propre jugement, mais le jugement doit être fondé sur des bases objectives en proportion des grâces reçues de Dieu. Si au décompte, il s'avère que Dieu ait fait économie de ses grâces vis-à-vis de nous, Il ne saurait attendre de nous ce dont il a conscience que nous n'avons pas. C'est d'ailleurs cette compréhension du don proportionnel qui aurait conduit le Seigneur à fixer un taux à la dîme : nous ne devons apporter en retour que la dixième partie de ce que nous avons reçu. Toutefois, la liberté dont il est question ici n'est pas libertinage. Il s'agit d'une liberté conditionnée puisqu'on ne moissonne qu'en mesure de ce qu'on a semé et « ***Qui sème chichement récolte chichement***»[78].

## La joie de l'offrant

La joie, du point de vue philosophique, peut se définir comme une sensation subite et agréable que l'on éprouve suite à un événement ou une situation qui nous apporte une certaine satisfaction, un certain bonheur, nous réjouit le cœur et nous donne la sensation d'une existence accomplie. Elle est généralement de courte durée mais elle nous procure, à cet instant, du bon plaisir, un goût indescriptible d'être là où nous sommes, faisant ou non quelque chose de notre temps. Nous nous sentons si épanouit, dans une symbiose parfaite avec nous-même et avec notre environnement que nous voulons cet instant pérenne.

[78] Louis Segond, *Opcit*, 2Corinthiens 9/6.

Nous en avons une parfaite illustration dans l'épisode de « **La transfiguration de Jésus** » [79] telle qu'elle nous est narrée dans le livre de Matthieu. Il s'agit d'une histoire qui met en scène Jésus et ses disciples.

En effet, les enseignements et les actes de puissance de Jésus avaient fini par susciter l'espoir des disciples très dubitatifs au départ, de la possible messianité de Jésus. Jésus serait peut-être l'homme de la situation qu'avaient annoncé les prophètes pour la libération du peuple juif de la colonisation romaine. Mais les discours de Jésus qui annoncent pour très bientôt ses souffrances et sa mort, font de nouveau peser un grand doute sur la réelle personne de Jésus et surtout sur sa capacité à porter un tel destin de libération du peuple. L'espoir né, s'estompe et il faut, dès lors, trouver un moyen de le faire renaître. C'est alors que cet épisode du mont Tabor où se passe la transfiguration, trouve toute sa justification.

En effet, Jésus y étant allé en compagnie de ses disciples, et pendant qu'il s'adonnait à la prière, son visage prit un aspect lumineux et ses vêtements furent d'un éclat inhabituel. Les disciples émerveillés par ce spectacle hors du commun, n'en crurent pas leurs yeux. Et comme pour ne rien arranger, apparurent Moise et Elie, les vénérables ancêtres du peuple. Rappelons que Moise est ce serviteur par qui Dieu acta la libération du peuple Juif de quatre siècles et demi d'esclavage en Egypte et qui fut le dépositaire des commandements de Dieu. Moise est donc le symbole de la loi. Tandis qu'Elie, ce prophète dont il est dit qu'il ne connut point la mort, est le symbole de la présence et de la vigilance de Dieu au sein de son peuple. Moise et Elie sont donc, les signes visibles de la présence invisible de Dieu au milieu de son peuple. Et en tant que tels, ils sont la matérialisation la plus absolue de la présence personnelle de Dieu dans le monde. Les disciples, par cette présence inédite, sont dans la présence même de Dieu. Ils vivent un bonheur surréaliste, une joie dont la surabondance leur enlève le sens de la réalité au point qu'ils en viennent à oublier que la plaine les attend avec ses nombreux micmacs

[79] Louis Segond, *Opcit*, Matthieu 17/1-9.

Dans des circonstances comme celles-là, il ne leur reste plus qu'à contempler la magnificence de Dieu et à faire de ce lieu mythique, leur demeure permanente. D'où l'idée d'y construire des demeures éternelles pour eux-mêmes et d'en faire un lieu de pèlerinages pour les générations à venir. A ce niveau de l'émerveillement ils offrent leur service au Dieu tout puissant comme expression de leur reconnaissance pour le don du Messie en vue de leur libération. Ils sont prêts à toute sorte de sacrifice pour prouver leur action de grâce à Dieu.

Ce que nous volons décrire par ce récit prodigieux, c'est le degré sublime et la sensation de bien-être que produit la joie dans les cœurs lorsqu'elle apparait dans certaines circonstances. Ici, c'est de leur for intérieur que jaillit l'action et la reconnaissance. C'est la joie intérieure de cette rencontre fortuite mais salvifique qui les disposent à l'action de reconnaissance. C'est de cette joie qui découle d'un cœur satisfait et heureux que devrait découler toute offrande véritable à Dieu. L'apôtre des gentils en a finalement fait l'une des maximes capitales du don : « ***... Dieu aime celui qui donne avec joie*** »[80]. On ne peut donner avec joie que si l'on a la joie en nous. Le révérend Simon B. Njami-Nwandi, en a conclu que « ***La joie, est un fruit de l'esprit qui doit accompagner toutes nos actions pour les éclairer par leur transparence*** »[81]. L'Evangéliste Luc dans son discours d'adieu aux Anciens d'Ephèse à Milet rappelle opportunément cette parole de Jésus : « ***Il y a plus de bonheur à donner qu'à recevoir*** »[82]. Ce bonheur à donner, Dieu l'a ressenti et le ressent encore aujourd'hui lorsqu'il pourvoit à nos besoins.

Paradoxalement, les chrétiens de ce siècle, ont tendance à ne ressentir que malaise lorsqu'arrive le temps du don. C'est parfois par un sursaut d'orgueil ou par peur du qu'en-dira-t-on, ou par dépit, la gorge pleine de murmures et de multiples questionnements, qu'ils observent ce commandement de l'offrande.

[80] Louis Segond, *Opcit*, 2Corinthiens 9/7b.
[81] Njami-Nwandi, Simon B., *Prière, Jeûne et Offrande*, Yaoundé, CLE, 2004, p.104.
[82] Louis Segond, *Opcit*, Actes des apôtres 20/35.

La Bible nous enseigne pourtant que Dieu se réjouit des dons joyeux. Cette joie est d'abord celle de l'offrant puis, celle de Dieu qui se réjouit de la réjouissance de l'offrant. C'est donc moins l'offrande en tant que telle mais l'esprit qui l'accompagne qui conditionne la joie de l'Eternel.

**La générosité de l'offrant**

« ***J'ai donc jugé nécessaire d'inviter les frères à se rendre auparavant chez vous et à s'occuper de vos libéralités déjà promises afin qu'elles soient prêtes de manière à être une libéralité et non un acte d'avarice*** »[83].

L'homme généreux c'est l'homme charitable. Il convient de distinguer l'homme charitable de l'homme juste. Etre juste consiste à donner à l'autre ce qui lui revient normalement. Tandis qu'être charitable c'est lui donner ce qui ne lui revient pas, ce qui n'est pas à lui mais à moi, ce qui m'appartient.

L'homme généreux c'est surtout l'homme qui, selon la bonté de son cœur et sans intérêt personnel, donne au-delà du raisonnable et par-delà ses réelles possibilités. C'est le prototype de celui qui fait le bien pour le bien. Il le fait parce qu'il est bon de faire. Il n'en demande même pas une reconnaissance. Il donne pour soutenir, soulager une misère, sans en attendre un contre don. Il est plein de noblesse, de magnanimité, de volonté et de largesse.

La générosité qui est réclamée ici est calquée sur la grande générosité de Dieu. La parabole des talents dont nous avons parlé plus haut, nous montre qu'à la générosité de l'homme en réponse à la générosité de Dieu, correspond une plus grande générosité de Dieu qui finit par tout laisser dans les mains du plus généreux des hommes au point d'en rajouter.

**L'humilité et la discrétion de l'offrant**

Jésus estime que le don devrait être discret : « ***Quand tu fais l'aumône, que ta main gauche ne sache pas ce que fait ta main droite*** »[84]. Cette discrétion

[83] Louis Segond, *Opcit*, 2Corinthiens 9/5.
[84] *Idem*, Matthieu 6/3b.

est surtout requise pour des dons spéciaux et volontaires. En effet, certaines personnes manquent énormément d'humilité dans leurs actions, à cause de la maladie de la grandeur. Certes, lorsqu'il s'agit des actions ponctuelles pour lesquelles une contribution abondante et sérieuse est requise, il peut y avoir nécessité d'une émulation mais d'une « ***saine émulation*** » pour emprunter au révérend Njami-Nwandi. Mais il ne s'agit pas d'une compétition, d'une course à la gloire du plus offrant. Il est question de donner non pas avec un certain orgueil, une certaine ostentation, mais avec humilité et simplicité de cœur.

L'orgueil peut se définir comme le fait d'avoir une haute idée de soi-même, une surestimation de sa propre valeur, une estime excessive de soi-même, qui porte à se croire au-dessus des autres. L'orgueil qu'il s'agit ici d'éviter, c'est celui qui a pour toile de fond, un sentiment narcissique, cousu d'amour-propre, d'hypertrophie du moi, d'égoïsme et de fatuité. On se souvient encore de cette prière du pharisien réprimandé par Jésus : « ***Seigneur je te rends grâce parce que je ne suis pas comme le reste des hommes qui sont ravisseurs, injustes, adultères ou même comme ce Publicain ; je jeûne deux fois la semaine, je donne la dîme de tous mes revenus*** »[85]. Ce que Jésus condamne ici, c'est ce manque d'humilité du Pharisien qui le pousse à se croire au-dessus des autres eu égard à son légalisme. Ce type d'orgueil est dit négatif contrairement à un certain orgueil dit positif qui pousse au surdéterminisme de ses déterminismes, à une action osée, au dépassement de soi, en vue de vaincre un obstacle qui entrave la réalisation de nos utopies. Ce type d'orgueil qui pousse à l'action authentique, donne à l'offrande toute sa valeur spirituelle.

L'orgueil dit positif peut aussi désigner un sentiment de dignité, de fierté légitime ; une acceptation de notre situation au point où nous sommes parvenus dans nos efforts ou selon que Dieu nous accorde ses bénédictions. En effet, certaines personnes sont enclines à se plaindre de ne pas être ceci ou cela. On dirait qu'elles souhaitent se mettre à la place d'un autre. Elles n'acceptent pas du tout d'être ce qu'elles sont et parfois accusent Dieu ou le monde de n'avoir pas

[85] Louis Segond, *Opcit*, Luc 18/11-12.

assez fait pour elles. L'orgueil positif à ce titre, correspond à cette attitude du Psalmiste lorsqu'il déclare : « ***Je te loue Seigneur de ce que je suis une créature si merveilleuse*** »[86].

C'est dire que quelques fois, le don peut être ostensible en vue d'enseigner aux autres ce que c'est que la libéralité et la générosité. Mais tout dépend de l'esprit qui nous anime lors que nous nous approchons de l'autel de l'offrande. L'esprit d'orgueil au sens négatif du terme y est fortement proscrit. Ce qui compte, aux yeux de Dieu, c'est notre humilité et notre reconnaissance. Il n'y a rien de grand et d'extraordinaire que nous puissions apporter à Dieu, le pourvoyeur de tout bien.

**L'offrande du cœur**

Le don qui plait à Dieu, doit être mû par la bonne volonté de l'offrant. ce que nous possédons vient certes de Dieu, mais dès qu'Il nous l'a donné, nous en prenons entière possession et nous ne sommes pas du tout obligés d'en faire un don à notre tour, quel qu'en soit le destinataire, fût-il Dieu. Remarquons que, pendant la construction du tabernacle de l'Eternel, Dieu, par le truchement de Moise, ordonne au peuple de prélever sur son avoir des dons selon la disposition des cœurs : « ***Prenez sur ce qui vous appartient une offrande pour l'Eternel. Tout homme dont le cœur est bien disposé apportera en offrande à l'Eternel : de l'or, de l'argent et de l'airain*** »[87]. Observons que les dons ici ne sont pas prélevés sur la part qui revient d'office au Seigneur, notamment la dîme. Ils émanent de ce que Dieu nous attribue pour nos propres besoins. Il s'agit donc d'apporter une partie de nos avoirs propres pour que l'église se construise, se développe pour la gloire de Dieu et le bonheur de l'humanité. Toutes les offrandes faites à l'église, en dehors de la dîme, procèderaient donc du respect de cette disposition. C'est pourquoi, les quantités ne sont pas déterminées. Elles dépendent de notre désir et de la disposition de nos cœurs à accompagner ou à participer à l'œuvre de construction du règne de Dieu. Elles ne doivent donc pas

---

[86] Louis Segond, *Opcit*, Psaume 139/14.
[87] *Idem*, Exode 35/5.

être regardées comme une contrainte, mais une participation volontaire en raison de notre attachement à Dieu et de notre volonté à participer à l'édification de son œuvre.

Le texte de l'Exode nous apprend en effet que « ***Tous ceux qui furent entraînés par le cœur et animés de bonne volonté virent et apportèrent une offrande à l'Eternel pour l'œuvre de la tente d'assignation, pour tout son service, et pour les vêtements sacrés. Les hommes virent aussi bien que les femmes ; tous ceux dont le cœur était bien disposé apportèrent des boucles, des anneaux, des bagues, des bracelets, toute sorte d'objets d'or, chacun présenta l'offrande d'or qu'il avait consacrée à l'Eternel*** »[88].

La lecture de ce fragment nous suggère que certains, parce qu'ils ne furent ni « ***entraînés par le cœur*** », ni « ***animés de bonne volonté*** » refusèrent de répondre à cet appel. Nous ne savons pas quelle en furent les conséquences, mais nous constatons que l'ordonnance de Dieu ici donne à l'homme une certaine liberté de choix. L'offrande qui plait à Dieu est donc d'abord volontaire. Elle est liée à la disposition du cœur à offrir. Elle est relative à l'état d'esprit de l'offrant. C'est dans ce sillage que Paul, dans sa seconde épître aux Corinthiens, exige des chrétiens d'Achaïe que chacun ne donne que selon qu'il a résolu dans son cœur. En effet, le contexte de cette exhortation de l'apôtre des Gentils, est celui d'un peuple qui, pendant près de deux années, précisément dix-huit mois, a reçu une formation à la connaissance de l'évangile de Jésus-Christ et s'est engagé résolument à se mettre au service du Christ, à travers des dons empreints de libéralité et de générosité. Ils en avaient fait une question personnelle, une loi morale qui émane de la conscience de chaque fidèle. Dès lors on ne parlait plus chez eux de rituel, de respect d'une disposition divine ou légale, mais d'une volonté libre émanant d'un cœur ouvert à la générosité. Cela prenait la forme de ce que l'apôtre appelle « **culte raisonnable** ».

[88] Louis Segond, *Opcit*, Exode 35/21-22.

Peut-être faudrait-il préciser que le cœur dans la théologie chrétienne est le siège de la pensée et de la volonté. A ce titre donner de son cœur renvoie à un don conscient, réfléchi, rationnel. Il s'agit d'évaluer les grâces reçues et de décider d'apporter un don conséquent en réponse à cette offrande première de Dieu.

La communauté d'Achaïe apportait donc des offrandes non pas pour plaire à Dieu, ou par respect pour les enseignements reçus de Paul, mais parce qu'ils avaient compris qu'il est bon de donner pour soutenir une œuvre ou pour soutenir des frères qui sont dans le besoin. C'étaient des donateurs conscients et volontaires et leurs dons, une émanation d'un cœur aimant, et d'un esprit rationnellement assisté. L'apôtre Paul en était si fier qu'il les citait en exemple de foi active à imiter. Les Macédoniens qui n'étaient pas encore arrivés à ce niveau d'élévation spirituel, étaient justement exhortés à imiter leur foi.

Ainsi, personne ne devrait être sommé à apporter une offrande tant qu'elle n'émane de la délibération d'une conscience libre. Personne ne devrait se sentir bousculer ni par l'exhortation pressante des serviteurs de Dieu, ni par les interpellations constantes des anciens d'église ou des responsables des groupes religieux auxquels il appartient, ni même par les prescriptions de la loi. Les prescriptions de Dieu sur l'offrande laissent toujours l'homme devant la réalité d'un choix à faire pour ou contre la loi. Agir par respect de la loi relève d'un impératif hypothétique selon le vocabulaire kantien. Or une bonne action devrait être celle qui relève de l'impératif catégorique comme le suggère Kant. J'agis ici parce que c'est normal et rationnel que j'agisse de la sorte et non pas par conformisme.

Dieu aime des dons qui se font en toute liberté, en toute volonté et qui émanent d'un cœur acquis au Seigneur.

# CHAPITRE VI :
# DE LA SPIRITUALITE DE L'OFFRANDE

L'offrande dans sa dimension spirituelle répond à des exigences d'ordre purement spirituel et psychologique fondées sur l'exigence de réconciliation avec Dieu, la proportionnalité par rapport aux bénédictions reçues de Dieu, et l'engagement personnel de l'offrant au service de Dieu.

## L'exigence de réconciliation

Jésus, dans l'un de ses enseignements les plus poignants à ses disciples (Le sermon sur la montagne) au sujet des conditions préalables pour une offrande agréable à Dieu, déclare : « ***Si donc tu présentes ton offrande à l'autel, et que là tu te souviennes que ton frère a quelque chose contre toi, laisse là ton offrande devant l'autel, et va d'abord te réconcilier avec ton frère ; puis viens présenter ton offrande*** »[89]. Il n'y a donc pas de véritable offrande à Dieu sans réconciliation avec son prochain laquelle précède la réconciliation avec Dieu selon qu'il est écrit : « ***Tout ce que vous lierez sur la terre sera lié dans le ciel et tout ce que vous délierez sur la terre sera délié dans le ciel*** »[90]. Pour ce faire, certaines conditions *a priori* sont nécessaires : la paix, le pardon et l'amour.

- **Le besoin de paix**

La réconciliation signifie, en un certain sens, la restauration de la paix avec son prochain, avec Dieu et finalement avec soi-même. Mais qu'est-ce que la paix ?

Le concept de paix est vicié dans un contexte humain de conflits permanents inévitables parce que structurels voire ontologiques. En fait l'homme naturellement n'est pas cet être débonnaire assoiffé d'amour pour son prochain. Il suffit d'observer la position fœtale de l'enfant qui se recroqueville sur soi-même, l'agressivité du bébé qui mord la mamelle qui le nourrit, pour se

[89] Louis Segond, *Opcit*, Matthieu 5/23-24.
[90] *Idem*, Mathieu 18/18.

convaincre de ce caractère égocentrique et congénitalement agressif de l'espèce humaine. L'état originel de l'homme est donc celui d'un fauve à dompter.

Par ailleurs, la vie sociale est un foyer qui vit en se nourrissant de conflits en vue de la réalisation de l'équilibre et de l'évolution. Le monde n'évolue que dans et par la logique d'une dialectique dont la trame reste le frottement permanent entre des valeurs qui se tutoient pour s'évaluer et se reformer. Voilà pourquoi, le concept de paix, selon son origine latine *pax,* signifie d'abord un pacte que l'on scelle entre deux ou plusieurs adversaires parvenus à conclure un accord sur une question ou une situation qui les opposait. La vraie paix, celle qui découle du mot latin *pax*, renvoie à cet état où deux ou plusieurs personnes élaborent un contrat gagnant-gagnant qui préserve les intérêts de chaque contractant. Certes qu'il y a toujours quelque chose que l'on perd dans un contrat. Toutefois, ce qu'on y perd vaut-il ce qu'on y gagne ?

Les sociologues estiment que la paix n'est qu'une entente entre les membres d'une société avec comme idée soujacente la restauration d'un état où règne le conflit. La société leur apparaît comme un foyer de tensions permanentes qu'il faut maîtriser pour créer l'état de paix. Les psychologues eux aussi pensent que l'homme est naturellement un être de conflit et non pas un être de paix. La paix ici désigne, non pas une situation de non-guerre, mais un accord entre belligérants, entre ennemis qui décident de mettre fin à leurs hostilités et de fixer ensemble les modalités d'une coexistence pacifique. Le conflit précède donc la paix, elle lui est antérieure.

La paix n'est donc pas un acquis mais une quête permanente. Il ne s'agit pas à proprement parler d'une absence de conflit, mais d'un effort permanent en vue de se situer par-delà le conflit. La guerre reste toujours possible même après la réalisation de la paix et c'est pourquoi la paix est sans cesse remise en cause et permanemment à refaire, à reconstruire. La paix est une quête permanente.

Ainsi, celui qui recherche la paix ne peut pas décider de vivre sa vie tranquillement dans son coin, se refermant sur soi-même loin des conflits quotidiens, évitant de se frotter aux autres, pensant ainsi se mettre à l'abris difficultés ou des mésententes avec les autres, s'efforçant à être copain avec tout le monde. Il s'agit plutôt de s'engager dans les conflits inhérents à la vie communautaire, avec pour ambition d'œuvrer pour rétablir les déséquilibres nés de ces conflits.

Dans sa conception spirituelle, la paix apparaît comme étant un état d'esprit où règnent le calme et la tranquillité en tant qu'absence de perturbation, d'agitation ou de conflit. La paix est ici, un état d'autorité et de stabilité intérieure, qu'importent les violences qui ont cours autour de soi. Lorsque les Grecs disent "*pax vebis*" ou les Hébreux, "*Shalom a le hem*" ou les Arabes, "*Salam aleikun*" pour souhaiter la paix à leur interlocuteur, elle renvoie à cet état de stabilité intérieur, base de toute véritable paix dans le monde.

Dans les écrits bibliques, ce mot paix est d'une si grande importance qu'il revient 311 fois à travers les livres de l'Ancien et du Nouveau testament.

Dans l'Ancien Testament il est choisi pour désigner Dieu lui-même avec qui il se confond. Le livre de Juges le nomme « ***Yahvé-paix*** »[91]. Les écrits de **Moïse**[92] définissent la paix comme le reflet de la gloire de Dieu. Esdras, l'auteur du livre des **Chroniques**[93]l'oppose à la violence. Le prophète Malachie quant à lui, la décrit non pas comme absence de guerre mais comme plénitude de vie[94]. La paix dans l'Ancien Testament est aussi comprise comme un don suprême de Dieu à son peuple, l'effet de la bénédiction de Dieu sur son peuple avec comme conséquences, la fécondité (Esaie 48/19), le bien-être (Esaie 48/18), la prospérité (Esaie 54/13), l'absence de peur (Lévitique 26/6), la joie profonde (Proverbes 12/20). Elle s'y définit aussi comme le partage de ceux qui marchent selon les voies du Seigneur (Esaie 2/2-5), la réalisation de la justice de Dieu et le fruit du don du cœur de l'homme à Dieu (Psaume 85/9). Elle y apparaît aussi comme une quête permanente (Psaumes 34/14-15).

---

[91] Louis Segond, *Opcit*, Juges 6/24.
[92] *Idem*, Genèse 1/31.
[93] *Idem*, 1 Chroniques 22/8-9.
[94] *Idem*, Malachie 2/5.

Dans le Nouveau Testament, la paix n'est pas non plus absence de guerre, mais disposition du cœur à l'élévation vers Dieu en vue d'aborder toutes les situations de la vie avec confiance. C'est ce qui se dégage de l'exhortation de Paul aux Romains[95]. Elle y est liée à l'exigence de l'amour, du pardon et de la justice. En fait la violence que subissent les autres ne peut pas nous laisser en paix. Il ne peut y avoir de paix intérieure tandis que la guerre fait rage autour de nous à cause des injustices. Si l'être humain est nécessairement un être de relation, il ne peut pas être en paix avec lui-même sans être au préalable en paix avec les autres. C'est pourquoi, l'un des critères de la paix c'est la présence de la justice.

Certains idéologues en sont venus à penser que la paix n'est possible que là où il y'a obligation de respect de la loi et à tout prix y compris par la violence. Mais, Si la paix était simplement le règne de la loi et de l'ordre, les régimes totalitaires seraient parfaitement paisibles. C'est portant dans ces régimes qu'émergent, le plus souvent, tensions et révoltes. En conséquence, la paix n'est pas, ne peut pas être et ne sera jamais l'absence des conflits, mais la maîtrise, la gestion, la régulation et la résolution positive des conflits par d'autres moyens que ceux de la violence destructrice et meurtrière. Ce que la paix recherche en premier ce n'est pas nécessairement l'entente, la concorde, mais la justice. Vouloir la paix c'est donc d'abord combattre l'injustice.

La paix dans le Nouveau Testament est le lien de filiation entre Dieu et l'homme selon qu'il est écrit : « ***Heureux ceux qui procurent la paix car ils seront appelés fils de Dieu*** »[96]. De même l'annonce de l'évangile dont l'étymologie **ευαγγέλιο** (evangélio) renvoie à la bonne nouvelle commence par l'annonce de la paix car on ne peut pas annoncer une bonne nouvelle, sans annoncer la paix. C'est ainsi que, lorsque Jésus rencontre les siens à sa résurrection, il n'engage de conversation avec eux que par cette formule שלום

[95] Louis Segond, *Opcit*, Romains 12/9-21.
[96] *Idem*, Matthieu 5/9.

(Shalom) qui renvoie à la paix : « ***Tandis qu'ils parlaient de la sorte, lui-même se présenta au milieu d'eux et leur dit : la paix soit avec vous*** »[97].

La paix devient l'élément central du lien mystique qu'il y a entre Dieu et l'homme et dont Jésus est l'incarnation et du lien parental qui doit y avoir entre les hommes. D'où la qualification de Jésus comme prince de paix : « ***Il est notre paix, lui qui des deux n'en a fait qu'un, et qui a renversé le mur de la séparation, l'inimitié*** »[98]. C'est d'ailleurs cette paix dont Jésus nous fait don à la veille de son départ qui scelle son testament spirituel : « ***Je vous laisse ma paix, je vous donne ma paix*** »[99]. La paix véritable est donc don de Dieu.

La réconciliation suppose par conséquent la paix, qui est la condition nécessaire pour réaliser l'harmonie qui est le creuset de l'expression d'une relation saine et agréable dans l'esprit de laquelle s'inscrit le concept de l'offrande. Cette paix qui est un préalable à la réconciliation nécessaire à une offrande agréable à Dieu n'est réalisable que lorsque certaines conditions sont réunies à savoir, la confiance en Dieu (Proverbes 3/5-6 ; Psaumes 46/2-5 ; Matthieu 28/20), la grâce de Dieu (Jean 14/27), l'amour (amour de soi, amour de Dieu et amour du prochain), le pardon, le dialogue, la volonté, la décision, la justice, etc.

Il faut donc, pour réaliser ce besoin de réconciliation indispensable à une offrande selon le cœur de Dieu, rechercher absolument la paix. Rechercher la paix ne signifie pas nécessairement abolir le conflit qui est, comme nous l'avons dit précédemment, une donnée naturelle. D'ailleurs, le conflit ne peut et ne doit pas être abolit au risque de ne pouvoir créer l'émulation et la dialectique nécessaire à l'évolution. Il faut, pour avancer, apprendre à frotter sa cervelle contre celle d'autrui comme le recommandait Montaigne. Dès lors, le conflit devient un lieu du bouillonnement d'éléments positifs et dynamiques pour l'évolution personnelle et sociale. Rechercher la paix consisterait donc plutôt

[97] Louis Segond, *Opcit*, Luc 24/36.
[98] *Idem*, Ephésiens 2/14.
[99] *Idem*, Jean 14/27.

non pas à éviter toute espèce de conflit, mais à le rendre positif, constructif. Rechercher la paix, consiste à extirper du conflit sa dimension de la méchanceté et de haine qui, plutôt que d'enrichir et faire avancer, bloque toute initiative nouvelle et voue aux gémonies tout effort de progrès. Il n'y a pas de réelle réconciliation sans un véritable pardon.

- **Le besoin de pardon**

Plusieurs vocables grecs nous rendent, avec bien de détails, l'idée, somme toute complexe, de la notion de pardon.

Le terme grec **ἀφίημι** (*apheimi*) signifie, éloigner de quelqu'un le mal qu'il a fait ; faire disparaître de la personne son défaut ; l'affranchir de son péché. Le roi David pour l'illustrer dit : « ***Autant l'Orient est éloigner de l'Occident, il éloigne de nous nos transgressions*** »[100]. L'idée soujacente est celle du pardon comme d'un acte qui consiste à écarter dans le but de débarrasser le fautif de la faute commise afin qu'on n'en parle plus.

L'autre terme, **καθαρίζω** (*katharizo*) signifie, purifier de son péché ; purger de son péché. C'est ce que fait Jésus lors de la guérison d'un lépreux à Capernäum selon le témoignage de Matthieu : « ***Jésus étendu sa main, le toucha, et lui dit : je le veux, sois pur. Aussitôt il fut purifié de son péché*** »[101]. Le pardon ici renvoie à une purification qui, plus qu'un éloignement du péché, ce qui rendrait présent le péché même dans son absence, fait carrément disparaître le péché comme s'il n'avait jamais existé. L'homme en devient naturel comme à l'origine. Il revêt le statut d'Adam avant sa chute au fameux jardin de la malédiction humaine.

Le terme **καταλλάσσω** (*katallasso*) signifie, se réconcilier avec l'offenseur, rétablir sa relation avec lui. C'est un pas de plus qui est ici franchi parce que le pardon cesse d'être une simple déclaration d'intention, mais se traduit par le fait de renouer la relation autrefois rompu par le fait de l'offense. Il

[100] Louis Segond, *Opcit*, Psaumes 103/12.
[101] *Idem*, Matthieu 8/3.

n'y a de pardon que s'il y a retour à la situation normale d'avant l'offense. Le pardon consiste justement en ce rétablissement de la relation au point où elle s'était arrêtée du fait de l'offense.

Le terme **Δικῶν** (*Dikaion*) renvoie au fait de justifier, d'innocenter, de trouver des raisons de ne plus en vouloir à l'offenseur, de le regarder désormais comme étant un homme juste, innocent, qui n'a rien fait du tout. Il est ici question d'une véritable restauration du pécheur. Tout se passe comme si ce qu'on lui a reproché et qui a conduit à la rupture de la relation était une erreur de notre part et que l'on se repend même de l'avoir fait passé pour un pécheur. C'est par ce fait d'innocenter le pécheur que le pardon est entièrement acté. Un véritable acquittement.

De ces différentes définitions il découle que, l'on devrait pouvoir faire la différence entre le péché et le pécheur ; l'homme créature et image de Dieu et le mal qu'il fait bon gré mal gré. La grande difficulté qu'il y a à pardonner, c'est cette propension à confondre l'homme pécheur avec son péché. Il doit être entendu que la personne humaine est sacrée et bien différente du personnage qu'il joue et qui le conduit souvent à mal apprécier son rôle et d'ainsi se livrer à des actes socialement répréhensibles. La personne humaine est bien différente de ce qu'elle fait de bien ou de mal. Pour lui pardonner ses égarements, il suffit de s'efforcer à la séparer de son action, l'éloigner de l'acte qu'elle pose ou, si l'on préfère, éloigner d'elle, l'acte qu'elle pose.

**Ce que le pardon n'est pas**

Pardonner ne signifie pas banaliser le péché comme si le péché n'était plus péché. Un péché reste un péché. Il ne s'agit pas non plus d'oublier dans la mesure où l'oublie ne dépend pas de nous. L'oubli relève d'un phénomène psychique inconscient qui est bien loin de notre emprise. D'ailleurs la décision d'oublier n'induit pas automatiquement l'oubli étant donné qu'aucun événement, dans les conditions normales du fonctionnement psychique, ne disparait jamais. Tout se conserve et réapparait lorsque certaines circonstances l'exigent. Tout ce que nous avons été ou avons fait, par un mécanisme naturel bien connu scientifiquement, se conserve dans notre subconscient et réapparaît parfois au moment où nous nous y attendons le moins, au détour d'un événement ou d'une rencontre fortuite. Lorsque nous disons vouloir oublier un événement malheureux, le "moi" le reverse simplement dans notre subconscient et un mécanisme de contrôle du "surmoi" (la barre surmoïque), se déploie pour construire une barrière en vue d'empêcher à cet évènement de retourner dans notre conscient pour nous hanter et nous déstabiliser. Mais il peut arriver dans les rêves ou à l'occasion d'une rencontre, que le mécanisme de contrôle soit incapable d'empêcher à l'événement malheureux de resurgir dans notre conscient pour perturber notre quiétude. Exemple : si quelqu'un vous ampute d'une main, il vous sera difficile de ne point vous souvenir du coupable, face à certaine situation où l'usage de vos deux mains vous est requis.

Oublier n'est donc pas facile. D'ailleurs, pour pardonner il est nécessaire de ne point oublier. Il faut regarder le mal en face et se dire qu'en dépit de ce mal que je vois, je décide de ne pas en vouloir à celui qui l'a fait. Le pardon relève donc d'un acte conscient, d'un effort de subsomption d'un péché.

Le pardon ne signifie pas redonner pleinement confiance à l'offenseur. Lorsqu'on a été mordu par un serpent, dit un adage, on se méfie même d'un vers de terre. Et le Seigneur d'ailleurs exige d'être prudent dans la gestion de nos relations sociales : « ***Voici je vous envoie comme des brebis au milieu des loups. Soyez donc prudents comme les serpents, et simples comme les colombes. Mettez-vous en garde contre les hommes*** »[102]. Ce qui est le plus difficile dans le processus du pardon, c'est le retour à une totale confiance, sans réserves, en celui qui nous a trompés autrefois.

Le pardon ne signifie pas non plus renoncer à réclamer que justice soit faite. L'apôtre Paul le signifie aux Romains en ces termes : « ***Le magistrat est serviteur de Dieu pour ton bien. Mais si tu fais le mal, crains ; car ce n'est pas***

[102] Louis Segond, *Opcit*, Matthieu 10/16-17a.

***en vain qu'il porte l'épée, étant serviteur de Dieu pour exercer la vengeance et punir celui qui fait le mal*** »[103]. C'est donc dire que celui qui pardonne ne devrait pas aller à l'encontre de la loi, ce serait commettre une autre injustice contre la société qui réclamera un autre pardon et l'on s'enfermera ainsi dans un cercle vicieux. Exiger réparation n'est donc pas refuser le pardon parce que le pardon véritable exige une certaine réparation, même symbolique. Toutefois, il y a de très bonne raison de pardonner.

**Les raisons de pardonner**

**L'obéissance à Dieu.**

Nous devons pardonner parce que Dieu nous le recommande : « ***Supportez-vous les uns les autres, et si l'un de vous a quelque chose à reprocher à un autre, pardonnez-vous mutuellement ; le Seigneur vous a pardonné : vous aussi, pardonnez-vous de la même manière*** »[104].

**Le désir d'être pardonné**

Nous devons pardonner parce que nous avons été les premiers bénéficiaires du pardon de Dieu : « ***Pardonne-nous nous offenses comme nous aussi nous pardonnons à ceux qui nous ont offensés*** »[105]. En fait il s'agit pour l'homme, d'accorder le pardon à ceux qui se sont rendus coupables d'offense à son égard, en réponse au pardon reçu de Dieu eu égard à ses propres offenses et ainsi garantir l'indulgence de Dieu par rapport à ses offenses à venir.

Notre pardon peut donc être une des conditions essentielles de la recevabilité de notre désir d'être pardonné. Jésus nous le déclare lorsque, s'adressant à ses disciples dans sa "charte du royaume", il déclare : « ***Si vous pardonnez aux hommes leurs offenses, votre père céleste vous pardonnera aussi ; mais si vous ne pardonnez pas aux hommes, votre père ne vous***

[103] Louis Segond, *Opcit*, Romains 13/4.
[104] *Idem*, Colossiens 3/13.
[105] *Idem*, Matthieu 6/12.

***pardonnera pas non plus vos offenses*** »[106].

**Des raisons curatives**

Le pardon nous libère de l'amertume et nous protège contre certains maux psychiques ou physiques. En effet, porter des gens dans nos cœurs à cause de ce qu'ils nous auraient fait de mal, nous rend parfois si mentalement inconfortables que nous pouvons en être victimes de malaises mortels. Certaines maladies nées des ressentiments, de l'amertume, des rancœurs, des rancunes, comme l'hypertension artérielle, les maladies cardio-vasculaires, qui sont causes de nombreux décès dans le monde sont, pour la plupart, dues à des frustrations que nous n'avons pas pu résorber. Dès lors le pardon devient un remède de grande valeur pour retrouver son équilibre après une trahison ou une offense. C'est pourquoi l'auteur de l'épître aux Hébreux donne ce conseil : « ***Veillez à ce que nul ne se prive de la grâce de Dieu ; à ce qu'aucune racine d'amertume, poussant des rejetons, ne produise du trouble, et que plusieurs n'en soient infectés*** »[107].

**Évacuer le désir de vengeance**

La vengeance appelant généralement une autre vengeance, ne point pardonner pourrait nous introduire dans un cycle de vengeance dont l'issu peut être fatal pour toute une communauté ou tout un peuple. Certains conflits nationaux partent parfois d'une simple mésentente entre individus, se développent et embrasent les familles, puis les clans, puis les tribus et parfois les races avec des conséquences catastrophiques.

Par exemple, on sait que la première guerre mondiale a des causes lointaines apparemment de grande importance : les conflits entre États, la course aux armements, les traités et les offres secrets entre certains États puissants comme l'Allemagne, la Grande-Bretagne, l'Autriche-Hongrie, la Russie, la Turquie (L'empire ottoman) avec des rivalités dont on pouvait s'attendre, mais

---

[106] Louis Segond, *Opcit*, Matthieu 6/14-15.
[107] *Idem*, Hébreux 12/15.

qui ne présageaient rien de grave. Mais il a fallu juste une petite étincelle, l'assassinat de l'héritier du trône d'Autriche, l'archiduc Franz Ferdinand, le 28 juin 1914 à Sarajevo en Bosnie par Gavrilo Princip, membre de la société de la Main Noire, pour que le monde s'embrase avec les bilans que l'on connaît. Le mouvement nationaliste serbe auquel il appartenait et qui avait des ambitions hégémoniques en profita en effet, pour mettre à exécution son plan d'unification de la Serbie avec d'autres Etats slaves de l'empire austro-hongrois. Ses conséquences matérielles et surtout humaines furent incalculables. Cette catastrophe aurait pu être évitée si dès le départ, les nations impliquées avaient pu s'entendre pour résoudre leurs différends. Malheureusement, elles se sont plutôt engagées dans un circuit de guerre froide avec les conséquences que l'on sait. Le pardon est donc un antidote au déferlement de la violence. Il est par conséquent impératif d'apprendre à pardonner pour la survivance de la société.

Par ailleurs, la vie en société étant organisée sous le mode du conflit permanent, comme nous l'avons précédemment démontré, à cause de nombreuses intérêts divergents, l'absence de pardon, remettrait en cause l'existence même de la société.

Le pardon nous permet de nous libérer des charges émotionnelles négatives nées des frustrations diverses et d'ainsi, être en paix avec nous-mêmes et avec les autres.

Toutefois, certaines conditions sont requises pour l'effectivité du pardon

**Les conditions du pardon**

- **La repentance**

La repentance est un événement qui se déroule en deux principales étapes : la prise de conscience de son péché et la décision de changer. Nous en avons une belle illustration dans la parabole de l'enfant prodigue selon le témoignage de Luc[108]. Rappelons ici qu'il s'agit de l'histoire rocambolesque de

[108] Louis Segond, *Opcit*, Luc 15 /11-32.

cet enfant prétentieux, dont nous avons parlé précédemment qui, à cause de son immaturité, décida, contre la volonté de son père, de récupérer sa part d'héritage et d'en assurer librement la gestion bien loin du regard peut-être castrateur de celui-ci et de son frère aîné. Le père ayant accédé à sa demande, il se retira de la bienveillance de son père. Mais, au bout de quelques années, il ne put ni fructifier, et bien plus grave, ni protéger le capital reçu. Il sombra dans la misère et fut obligé d'exercer de petites activités même honteuses pour survivre. C'est là que commença tout l'épisode assez pathétique de sa repentance.

Il commença par prendre conscience de l'état de délabrement dans lequel il se trouvait : « ***Etant rentré en lui-même il se dit : combien de mercenaires chez mon père ont du pain en abondance, et moi, ici, je meurs de faim !*** »[109]. On voit transparaître de cette prise de conscience, un certain regret d'avoir pris la mauvaise décision de partir ou de n'avoir pas su gérer le bien reçu de son père. Il prend la décision de retourner à son père et d'obtenir de lui le pardon pour son égarement et, si possible, d'être restauré dans la vie familiale : « ***Je me lèverai, j'irai vers mon père, et je lui dirai : mon père, j'ai péché contre le ciel et contre toi, je ne suis pas digne d'être appelé ton fils ; traite-moi comme l'un de tes mercenaires*** »[110].

Après cette prise de décision il s'exécuta et reçu de son père le pardon dont il avait besoin pour sa réinsertion au sein de la famille. Notons que la repentance s'achève dans cette prise de décision. C'est un événement intérieur au sujet repentant. Il se trame à l'intérieur de lui, touche son cœur et s'extériorise seulement après, dans un autre mouvement que l'on désigne par le vocable "conversion" qui est la mise à exécution de cette décision issue de la repentance.

Avec cette repentance et cette conversion, la réconciliation est désormais possible entre père et fils. À présent, un commerce saint peut s'ouvrir entre les deux. Le père offre d'ailleurs un sacrifice à Dieu pour célébrer le retour du fils. Il ne serait pas surprenant qu'à un moment de cette nouvelle relation, le fils, à

---

[109] Louis Segond, *Opcit*, Luc 15 /17
[110] *Idem*, Luc 15 /18-19.

son tour, fasse un sacrifice ou une offrande pour célébrer cette nouvelle ère qui voit le jour.

Remarquons que le fils prodigue a été pardonné par son père suite à sa repentance. Il en découle qu'il n'y a pas de pardon sans repentance. Le roi Salomon dans le livre des Proverbes écrit en effet : « ***Celui qui cache ses transgressions ne prospère pas. Mais celui qui les avoue obtient miséricorde*** »[111]. Dans le même sillage, le prophète Esdras de la part de Dieu déclare : « ***Si mon peuple s'humilie, prie et cherche ma face, et s'il se détourne de ses mauvaises voies, je lui pardonnerai ses péchés*** »[112]. L'évangéliste Luc renchérit : « ***Si ton frère a péché contre toi reprends-le et s'il se repent, pardonne-lui*** »[113]. Les apôtres de Jésus apportent leur caution à cet enseignement en déclarant : « ***Repentez-vous donc et convertissez-vous pour que vos péchées soient effacés*** »[114]. La repentance passe donc pour être l'incontournable viatique du pardon.

Toutefois, il existe des cas de fausses repentances où l'on donne l'impression d'avoir été touché de l'intérieur par nos péchés alors qu'en réalité il n'y a pas eu une réelle prise de conscience et un véritable regret de nos actes, quand bien même, pour nous faire pardonner, nous aurions laissé couler à notre visage des larmes dites de crocodile. C'est peut-être ce qui arrive dans l'épisode que nous décrit l'évangéliste Luc dans cette autre histoire inédite des Galiléens massacrés par Pilate alors qu'ils présentaient, au temple, leurs sacrifices à Dieu[115] :

« ***En ce même temps, quelques personnes qui se trouvaient là racontèrent à Jésus ce qui était arrivé à des Galiléens dont Pilate avait mêlé le sang à celui de leurs sacrifices*** »[116].

[111] Louis Segond, *Opcit*, Proverbes 28/13.
[112] *Idem*, 2 Chroniques 7/14 ;
[113] *Idem*, Luc 17/3-4.
[114] *Idem*, Actes des apôtres 3/19.
[115] *Idem*, Luc 13/1-9.
[116] *Idem*, Luc 13/1.

On est en droit de se demander comment Dieu a-t-il pu permettre que des gens qui viennent L'adorer et Lui présenter des offrandes d'action de grâce, soient ainsi massacrés sans qu'Il ne daigne lever le petit doigt de par la toute-puissance qu'on Lui reconnaît. Le texte nous dit certes, qu'ils ne sont pas plus coupables que ceux qui ont eu la vie sauve, mais il ne nie pas non plus leur culpabilité. Et la question serait de savoir en quoi ont-ils pu être coupables. Quel est le reproche que Dieu a pu leur faire au point de permettre une telle hécatombe ?

Il est possible qu'il se soit agi de personnes qui présentaient des signes extérieures de repentance et qui, par leurs sacrifices, voulaient convaincre tout le monde de leur bonne foi alors qu'ils n'avaient point connus de vraie repentance. C'est donc, semble-t-il, leur impureté intérieure que Dieu sanctionne en laissant faire le criminel Pilate.

Cette histoire a une très forte ressemblance avec celle dont nous rapporte Luc[117]et qui met en scène les Pharisiens, les Sadducéens et Jean le baptiste au Jourdain. Ces hommes venaient recevoir de Jean Baptiste, un baptême qui était réservé à tous ceux et celles qui avaient connu la vraie repentance, ce qui n'était pas leur cas. Alors Jean leur sert cette invective à valeur de mise en garde :

« ***Races de vipères, qui vous a appris à fuir la colère à venir ? Produisez donc des fruits dignes de la repentance*** »[118].

Ce rappel à l'ordre convient aussi à de nombreux chrétiens qui, par leur régularité aux temples, leurs activités aux allures d'activisme dans les programmes de l'église et leur très grande libéralité pour les œuvres de l'église, donnent l'impression d'avoir réellement été touché par l'évangile du salut en Jésus-Christ et d'avoir été sujet à la transformation intérieure que rend possible la repentance, mais qui vivent totalement en marge des recommandations de la parole de Dieu. Il s'agit donc d'abord, pour offrir à Dieu une offrande qui Lui

---

[117] Louis Segond, *Opcit*, Luc 3/7-8.
[118] *Idem*, Luc 3/7-8

soit agréable, de connaître une vraie repentance qui nous réconcilie avec Dieu.

- **La disposition du cœur de l'offensé à pardonner**

Généralement, on attend du pécheur repenti qu'il fasse le premier pas vers l'offensé pour lui demander pardon. L'offensé se considère, généralement et logiquement, comme quelqu'un qui n'a rien à se reprocher et qui attend de celui qui s'est permis de lui créer du tort, qu'il se repente, puis vienne à lui, en toute humilité voire humiliation, demander le pardon dont il a besoin, lui, pour se restaurer intérieurement et relancer sa relation avec l'offensé. Surtout lorsqu'il s'agit d'un ami ou d'un frère. Quoi de plus normal à ce que cela se passe ainsi. Toutefois, il peut arriver que l'offenseur soit un être gonflé d'orgueil qui trouve dans ce geste de retour vers l'offensé un signe de faiblesse ou d'humiliation. Par ailleurs, il y a chez l'offenseur une certaine peur de ne pas être reçu par l'offensé et même une honte à retourner à la source du conflit après avoir nié son forfait à cor et à cris.

Si le cœur de l'offensé est bien disposé à recevoir ce pardon parce qu'il souffre lui-aussi de cette imbroglio qui infeste l'atmosphère et crée des tensions internes ou externes, il peut décider, lui, de faire le premier pas vers son frère ou ami orgueilleux ou pas courageux, pour lui tendre la main et lui offrir ainsi l'occasion de se faire pardonner. Nous en avons un exemple dans les Evangiles lorsque Jésus, ayant pourtant été trahi par ses disciples, notamment Pierre, va vers eux, à sa résurrection[119]. Cet effort de l'offensé est louable parce qu'il dénote de sa grandeur d'âme. Il suffit, parfois, pour le faire, de nous rappeler que notre pardon est nécessaire au pardon de Dieu selon qu'il est écrit : « ***Si vous pardonnez aux hommes leurs fautes, votre Père céleste vous pardonnera aussi. Si vous ne pardonnez pas aux hommes, votre Père non plus ne pardonnera pas vos fautes*** »[120].

Il apparaît donc que le pardon fait partie des plus grandes des vertus du

[119] Louis Segond, *Opcit*, Luc 24/36.
[120] *Idem*, Matthieu 18/14-15.

christianisme. Le chrétien incapable de le demander ou de l'accorder, n'est pas du tout digne de porter ce nom de chrétien.

Toutefois, le chrétien n'est pas un extra-terrestre. Il vit les mêmes émotions, les mêmes difficultés que tout le monde. Il peut donc légitimement attendre des autres qu'ils soient courtois, sérieux, justes et respectueux envers lui, au risque de verser, comme toute personne frustrée, dans la colère. Il faut donc éviter de se cacher sous le masque du chrétien qui selon les recommandations de Dieu aurait le devoir de pardonner « ***70 fois sept*** »[121], pour poser des actes malheureux qui nuisent à autrui, fût-il chrétien, et espérer recevoir de lui le pardon. Il est nécessaire de toujours penser aux conséquences de nos actes avant d'agir. Par ailleurs, les humains n'ont ni le même caractère, ni la même culture pour avoir la même capacité de supportabilité face à certains égarements comportementaux. Nous pourrions si nous ne sommes pas assez conséquents, nous faire violemment heurter par un frère ou une sœur chrétienne qui n'a pas la force nécessaire, de par sa nature ou sa culture, pour encaisser nos bavures.

En tout état de cause, le refus de pardonner à un frère qui le demande en toute sincérité, est un manquement à l'éthique chrétienne du pardon illimité et surtout à cette parole qui dit : « ***Ce que je désire, ce n'est pas que le méchant meurt, c'est qu'il change de conduite et qu'il vive*** »[122]. Le pardon nous libère du passé, restaure le présent et prépare l'avenir.

**L'exigence d'amour**

Ce qui fait la particularité de l'église, c'est qu'elle rassemble des gens qui ne sont ni naturellement, ni culturellement, ni socialement, fait pour être les mêmes et donc pour vivre en parfaite harmonie. Des hommes et des femmes de races, de contrées, de cultures, de rangs et rôles sociaux différents, se rencontrent et sont sensés se considérer comme des frères et des sœurs d'un

---

[121] Louis Segond, *Opcit*, Matthieu 18/22.
[122] *Idem*, Ez2kiel 33/11.

même père. La vocation de l'église est de tout faire pour minimiser les inégalités et réaliser l'harmonie des contraires en faisant naître l'amour là où il y a la haine et l'unité là où règne la division. Toute la prédication de l'église tourne autour de ce noble projet. Cependant, arrive-telle toujours à atteindre cet objectif fondamental ?

À l'observation, la réponse à cette question est négative. La complexité des relations sociales, avec son faisceau d'intérêts divergents, nous met en face d'une véritable utopie onirique. L'église, qui se présentifie sous le signe d'une médiatrice de l'harmonie, pèche elle-même par ses propres divisions internes. En témoigne cette floraison des tendances spirituelles au sein de l'église universelle qui se livrent une guerre de leadership sans retenue et d'un accent prosélyte criant. Au niveau des communautés particulières, dans un même système ecclésial, ce n'est guère mieux. Les leaders spirituels se regardent en chiens de faïence prêts à se sauter les uns sur les autres pour des intérêts bien loin de ceux pour lesquels ils ont été choisis comme serviteurs. Les responsables d'église à tous les niveaux se constituent en groupe de prédateurs des acquis matériels et financiers de l'église, ce qui donne lieu à des conflits parfois mortels. Des groupes d'intérêts s'affrontent directement ou indirectement au grand dam de l'évangile dont ils sont sensés êtres des apologètes ou des serviteurs.

Pourtant, tous les dimanches dans le créneau liturgique de l'église, on est soumis à l'expression de la reconnaissance à travers le sacrifice au rituel de l'offrande. Comment pouvons-nous apporter à Dieu notre offrande dans un climat, comme celui-là, dominé par la haine, le mépris voire la guerre, une espèce de supermarché des "moi" ou les *egos* rivalisent d'égoïsme ? C'est dans ce contexte que la question fondamentale de l'amour se pose au sujet de l'offrande.

Accordons nous, d'entrée de jeu, sur le concept d'amour en régime chrétien par rapport à d'autres types d'amour (lyrique ou romanesque et philosophique).

L'amour romanesque revêt une dimension charnelle, solennelle, fictive, fantaisiste, fantasmagorique, chimérique, mythique, voire rêveuse et qui donne à l'amour une image d'irréalité, d'irréalisable, d'utopisme. L'amour philosophique quant à lui, est un amour rationnel, calculateur. Il est commandé non pas par le cœur mais par la tête c'est-à-dire par la pensée, l'intérêt. Il calcule le bien-fondé d'une relation avant de s'y engager. Dans la racine grecque *philos*, il y a toujours un mouvement vers un objet, une quête, avec au bout, une conquête. Celui qui aime de cet amour-là va à la conquête d'une personne qui finalement devient l'objet de sa conquête et malheureusement une chose à conquérir. L'amour philosophique est dès lors, une chosification de l'être qu'on aime, dans la mesure où cet être, objet de ma conquête, se met en situation d'une chose que je veux conquérir. L'amour y devient une tension incessante qui se plaît dans cette phénoménologie du désir intarissable et qui malheureusement ne se satisfait jamais de ses acquis, ce qui, généralement, au lieu de rendre permanent le jeu de la séduction qui donne lieu au vouloir conquérir, cède la place au découragement. Ce qui est manifeste, c'est que ce type d'amour, malheureusement, est de plus en plus courant dans nos sociétés et se transforment très souvent en haine lorsque les objectifs amoureux ne sont pas atteints.

L'amour chrétien par contre, est quelque chose de très différent de ces amours épidermiques ou intelligents. Lorsque Dieu exige de moi que j'aime mon prochain, il ne s'agit ni de passion, ni de sentiment, ni de sexualité, ni d'intellection mais d'un don de soi dont la mesure reste l'amour dont Dieu nous a aimés, un amour sacrificiel. C'est l'Evangéliste Jean qui l'exprime avec la plus grande solennité : «...***Dieu a tant aimé le monde qu'il a donné son fils unique afin que quiconque croit en lui ne périsse point mais ait la vie éternelle*** »[123]. Dieu donne donc son fils en sacrifice pour notre salut. Soulignons ici deux termes : **donner** et **sacrifier**.

[123] Louis Segond, *Opcit*, Jean 3/16.

L'amour chrétien n'est pas une quête mais un don, le don de soi pour le bien de l'autre ; le don à l'autre de ce qui est à moi et qui m'est cher. Si je suis capable de me donner à l'autre, il m'est bien plus aisé de lui donner ce qui m'est cher. L'amour chrétien devient un sacrifice que je fais pour le bonheur de l'autre et par ricochet, pour mon propre bonheur dans la mesure où en régime chrétien, l'accomplissement de mon bonheur est dans le bonheur que j'apporte à l'autre. Je suis heureux parce que tu es heureux et surtout parce que nous sommes heureux.

Par ailleurs, l'amour chrétien comme sacrifice, répond à l'impératif qui s'exprime dans la recommandation de Jésus lorsque s'adressant à l'homme dans le cadre des devoirs conjugaux, il dit : « ***Maris, aimez vos femmes, comme Christ a aimé l'Eglise, et s'est livré lui-même pour elle*** »[124]. Aimer de cet amour-là, c'est aimer au point de donner sa vie pour le bien de l'autre. Charité bien ordonnée ici ne commence plus par soi mais par l'autre. Il y a renversement des valeurs traditionnelles admises. Toutefois, lorsque je me donne à l'autre de cet amour-là, humainement parlant, je n'attends pas moins de l'autre. Si je tends la main pour donner ou pardonner, je ne souhaite pas que ma main me revienne vide. Celui qui fait le bien n'attend pas qu'on lui rende plutôt le mal. Le chrétien qui agit bien n'attend pas nécessairement qu'on lui rende ce bienfait mais il ne s'attend pas non plus qu'on lui rende par le mal le bien qu'il a fait. Le véritable amour ne saurait donc être un amour ***unico sensus***. Il ne s'entretien que lorsqu'il y a un retour de l'ascenseur au risque de céder au découragement. Voilà pourquoi, l'amour des ennemis devient humainement impossible. En effet, comment aimer quelqu'un qui nous déteste, nous méprise ou nous veut du mal, ou même qui méconnait les efforts que nous faisons, pour lui prouver notre amour ou les sacrifices que nous consentons à son égard ?

Pour nous résumer, s'il est entendu que l'amour chrétien est don et sacrifice, il n'y a pas de véritable sacrifice dont l'offrande est la manifestation la plus visible, sans amour. Le don véritable est l'expression de l'amour. On donne

---

[124] Louis Segond, *Opcit*, Ephésiens 5/25.

parce qu'on aime. Dès lors toute offrande qui se ferait par contrainte, par ritualisme, ou par commodité sociale, n'est pas, à proprement parler, qu'une une espèce de taxe qui lui enlève toute son essence spirituelle.

**L'exigence de foi**

Il ne s'agit pas ici de la volonté ou du libre choix, mais d'un appel du cœur lié à la foi de l'offrant. Nous en avons une belle illustration à travers ***l'offrande de la pauvre veuve*** qui nous est rapportée dans l'évangile de Jésus-Christ selon le témoignage de Marc[125]. En effet, la figure de la veuve, telle que la bible nous la présente, renvoie au dénuement, à la fragilité et à l'insécurité. On peut comprendre pourquoi Dieu décide de lui accorder une protection spéciale. Le deutéronomiste de la part de Dieu écrit : « ***Qu'il soit maudit celui qui ne respecte pas les droits d'un étranger installé chez vous, les droits de l'orphelin ou d'une veuve*** »[126]. Précisons qu'il ne s'agit pas de cette catégorie de veuves qu'on reconnaît aujourd'hui dans nos sociétés sous le nom de « **veuves joyeuses** » et qui n'ont pas matière à se plaindre du fait de l'héritage matériel et financier obèse légué par leur défunt mari et qui en jouissent parfois si ostensiblement et arrogamment que cela peut choquer les bonnes mœurs. La veuve dont il est question ici est cette femme méprisée, sans revenue, ou parfois expropriée par les descendants de la famille de son défunt époux.

Dans le texte de **Matthieu**[127], Jésus en présentant cette veuve sous un vêtement noir, signe de tristesse et de désespoir, veut créer un contraste avec les scribes dont la parure extérieure (leurs grandes robes) n'est que la face visible de l'iceberg. Avec leur notoriété qui leur donne d'être salués en public, d'occuper les premières places dans les synagogues et les dîners, ils affichent des attitudes ostentatoires et formalistes surtout lorsqu'arrive le moment de l'action de grâce. Ils veulent être vus de tous pour porter arrogamment les honneurs qu'ils se sont attribués dans la communauté. Pourtant ce sont, au fond, de détestables

---

[125] Louis Segond, *Opcit,* Marc 41-45.
[126] *Idem,* Deutéronome 27/19.
[127] *Idem,* Matthieu 12/38-40.

légalistes, avares et hypocrites, d'une piété de façade, qui cherchent à impressionner leur entourage et qui usent de subterfuges pour extorquer le peu qui devrait revenir à ces veuves laissées pour compte.

Dans ce contexte particulier, le texte de **Marc** insiste sur la spécificité du don de la pauvre veuve. Son geste est absurde. En effet, elle a un fils à nourrir, elle n'a pas de nourriture à la maison et elle n'a que deux pièces d'argent. Pourtant, elle offre à Dieu tout ce dont elle dispose : les deux pièces d'argent. Ce qui est rationnellement inadmissible. Elle aurait pu tout au plus apporter une de ces deux pièces et réserver l'autre pour résoudre la question de la survie de sa famille ou même ne rien apporter du tout eu égard à son indigence, que personne, même pas Dieu, n'aurait des choses à lui reprocher. C'est pourquoi Jésus reste très admiratif de ce geste irrationnel mais hautement spirituel de la veuve.

C'est peut-être l'expression d'une très grande générosité. Mais la femme ne veut et ne peut même pas être généreuse parce que la générosité suppose que l'on ait une certaine quantité de bien. Or elle n'a presque rien pour exprimer sa générosité.

Peut-être que cette femme voulait simplement par ce don total, participer à l'effort collectif d'entretien du temple. Mais que valent ces pauvres pièces par rapport aux grands dons qu'apportent arrogamment les mieux nantis. D'ailleurs, ce temple a-t-il vraiment besoin d'être entretenu alors que Dieu déclare que de ce temple, il ne restera rien[128] ?

Ce qui semble guider son action c'est cette exhortation de Jésus à ses disciples :

« ***Ne vous inquiétez donc pas en disant : qu'allons-nous manger ? Qu'allons-nous boire ? De quoi allons-nous nous vêtir ? Tout cela les païens le recherchent sans répit. Il sait bien, votre père céleste, que vous avez besoin***

[128] Louis Segond, *Opcit*, Matthieu 13/2.

***de toutes ces choses. Cherchez premièrement le royaume et la justice de Dieu et tout cela vous sera donné par surcroît. Ne vous inquiétez donc pas pour le lendemain, le lendemain s'inquiètera de lui-même. A chaque jour suffit sa peine*** »[129].

La veuve agit donc par sa seule foi, sa seule confiance en Dieu qui est le maître du lendemain. Elle sait qu'avec Dieu, ces deux modiques pièces peuvent devenir les cinq pains et deux poissons dont nous parlent l'évangile selon Matthieu, ou le levain qui fait lever la pâte, ou le grain de moutarde. Elle veut, par ce geste, exprimer son total abandon à la grâce de Dieu. Elle refuse de choisir la part qui revient à Dieu. Elle préfère lui remettre toutes les parts afin qu'Il en choisisse, souverainement, ce qui doit lui revenir à elle, pour assouvir ses besoins vitaux et ceux de sa famille.

Lorsque l'on examine l'attitude de Jésus, assis là, non loin du tronc, observant avec attention tous ceux qui se succèdent pour apporter leur don, il devient évident, de par l'appréciation qu'il fait du don de la pauvre veuve, que ce qui intéresse Jésus en priorité, ce n'est guère la quantité de l'offrande mais la qualité du cœur qui offre. Le regard du Seigneur ne s'arrête donc pas sur la main mais sur la foi de celui qui donne. C'est peut-être à ce niveau qu'il faut tenter de comprendre l'appréciation que Dieu fait du don de Caïn et de celui d'Abel.

En effet, chacun d'eux apporta à Dieu ce qui Lui était dû. Mais quel fut l'état d'esprit qui accompagna les dons d'Abel et de Caïn ? Le livre de Genèse ne nous dit pas pourquoi l'Eternel n'eut point égard au sacrifice de Caïn tandis que celle d'Abel lui fut agréable. Mais il y a de bonnes raisons de penser que l'approbation divine dépendait de la condition spirituelle du donateur. Dans le cas d'espèce, l'offrande visiblement n'a pas de problème puisque chacun la fait selon le rituel consacré et dans le respect le plus scrupuleux des normes édictées. Ce qui fait problème c'est la psychologie de l'offrant, notamment, l'esprit qui accompagne son don. Et à ce niveau, on peut légitimement se poser la question

---

[129] Louis Segond, *Opcit*, Matthieu 6/31-34.

du sentiment qui anime Caïn au moment d'accomplir l'acte rituel de l'offrande. Il est possible qu'il en ait été resté à la dimension du rituel, à l'accomplissement de la loi par une sorte de conformisme, d'obéissance à la loi, sans justification rationnel ou spirituelle. Or sans établir des raisons suffisantes de donner, le don devient pure contrainte. C'est ce qui fait dire à l'apôtre Paul que tout véritable culte doit être rationnel.

Le regard de Dieu se pose donc en priorité sur la personne qui offre avant de se poser sur son offrande. Il s'agit de voir qui apporte l'offrande, quel est l'état d'esprit de l'offrant. Le texte d'Hébreux le confirme d'ailleurs : « ***C'est par la foi qu'Abel offrit à l'Eternel un sacrifice plus excellent que celui de Caïn ; c'est par elle qu' il fut déclaré juste, Dieu approuvant son offrande*** »[130]. L'acceptation de l'offrande d'Abel est donc motivée par sa foi, l'humble confiance de son cœur en la grâce de Dieu. En effet, celui qui offrait un sacrifice à Dieu exprimait par-là, la consécration de son être à Dieu. Le sacrifiant devait, pour que son sacrifice soit agréable à Dieu, apporter non seulement l'objet de l'offrande, mais aussi et surtout, son cœur. L'auteur de l'épître aux Hébreux lève ainsi un pan de voile sur le non-dit du texte de Genèse sur les offrandes de Caïn et d'Abel.

Ainsi, si celui qui offre ne s'élève au-dessus de son acte matériel, s'il pense rendre service à Dieu ou à l'Eglise ou au serviteur de Dieu, pensant accomplir ainsi une œuvre méritoire et attendant sa récompense comme s'il y avait droit, Dieu se détourne d'une telle offrande.

[130] Louis Segond, *Opcit*, Hébreux, 11/41

## CONCLUSION

Que devons-nous retenir de cette réflexion ?

Initialement, l'offrande est destinée à Dieu, non pas comme une taxe sur revenu ou une libéralité, un acte de charité ou de bienfaisance à l'égard de Dieu, le Créateur et pourvoyeur de tout bien. Cela pourrait amener à penser que Dieu ait besoin de l'homme ou précisément de ce don pour exister. L'offrande en contexte biblique n'est en réalité qu'un acte de reconnaissance à Dieu qui plait à Dieu mais qui, contrairement à l'homme, ne détermine pas du tout l'existence de Dieu. A ce titre, Dieu qui reçoit l'offrande de l'homme et en décide souverainement de la recevabilité dans la mesure où il peut s'en passer sans que cela ait un impact sur sa nature et son existence. Et il faut bien craindre que ce qui est donné parfois au prix d'énormes sacrifices humains ne soit rendu vain aux yeux de Dieu, l'initiateur et le destinataire testamentaire du don, simplement parce que l'offrant aurait manqué de motivation rationnelle ou spirituelle.

Certes, l'Eternel l'exige comme une reconnaissance à toute son œuvre qui se perpétue de jour en jour, mais cette recommandation, doit devenir une loi morale dont l'obéissance est liberté, parce qu'il s'agit d'une action logique et spirituelle. C'est après avoir évalué les bienfaits de Dieu que l'on devrait comprendre la nécessité d'une action de grâce en retour.

« ***La foi sans les œuvres est morte*** »[131], disait l'apôtre Jacques. La foi ne doit pas se borner à une contemplation pure, sans se traduire dans des actes concrets de nature à exprimer *de facto* la reconnaissance à Dieu par le soutien apporté à son œuvre et à ceux qui l'incarnent au sein du peuple, notamment les serviteurs de Dieu.

Du point de vue social, le but de l'offrande serait de transformer la réalité sociale par l'amélioration du standard de vie des peuples, le soulagement des misères subjectives et objectives, toutes choses nécessaires à la manifestation

[131] Louis Segond, *Opcit*, Jacques 2/26.

effective de la réalité du royaume de Dieu au sein du peuple. Certes, Dieu a voulu que nous soyons des êtres libres et nous le sommes. Nous sommes mêmes libres de Lui être reconnaissant ou non. Toutefois, la liberté que Dieu octroi à l'homme n'est pas à confondre avec le libertinage. Il s'agit très exactement d'une liberté responsable qui devra tenir compte des exigences de Dieu vis- vis de nous ses créatures. Si nous pensons appartenir à Dieu, ce n'est pas par le seul fait de notre être, mais aussi par celui de notre avoir. Nous devons lui appartenir, nous et les biens dont nous ne sommes que des heureux gestionnaires pour le temps qui Lui plait de nous accorder.

Si tout ce que nous sommes et tout ce que nous avons sont une possession de Dieu, nous ne pouvons rien refuser au légitime propriétaire dans la mesure où, dans son autorité absolue, Il peut décider de nous les retirer comme il l'a fait avec Job[132]. Il peut tout aussi bien nous retirer de la scène et laisser nos biens à la gestion parfois calamiteuse de nos descendants ou collatéraux comme c'est parfois le cas dans certaines familles où, la mort du chef de famille, sonne le glas de son héritage.

Le but de la vie c'est de glorifier le Seigneur de la vie, sans qui, il n'y a pas de vie. La création toute entière est la manifestation de la bonté et de la magnificence incommensurables de Dieu. Toute notre vie doit être une lettre de remerciement à l'adresse de ce Créateur magnanime et miséricordieux. Dévouer son être et une partie sinon tout son avoir à son service, devra être, pour nous, un « **culte raisonnable** ».

Nous sommes tous des serviteurs de Dieu quel que soit notre domaine d'activité. Être serviteur de Dieu, c'est être esclave de Dieu et l'esclave comme le fait remarquer le pasteur Njami-Nwandi, est une possession de son maître. Si nous nous reconnaissons ce statut, alors bienvenue au monde de l'obéissance et de la reconnaissance à Dieu. Faisons de nos vies, de notre être et notre avoir, une action de grâce à Dieu et nous en recevrons une plus riche bénédiction.

---

[132] Louis Segond, *Opcit*, Job 1/1-21.

## BIBLIOGRAPHIE


- AUGE, Claude, *Dictionnaire Larousse*, 1905.
- AUROUX, Sylvain, WEIL, Yvonne, *Nouveau vocabulaire des études philosophiques*, Paris, Hachette, 1984.
- BLANCHARD Jean Baptiste, *Les maximes de l'honnête homme* (1772).
- COLLECTIF, *La Bible, Traduction œcuménique*, Biblio - Société biblique française, Cerf, 2010
- FREUD, Sigmund., « Le Moi et le Ça », (1922), in *Œuvres complètes*, XVI, Paris, PUF, 1991
- GILLIERON, B., *Dictionnaire biblique,* Paris, éd. Du Moulin, 1985.
- GOBINET, Charles, *L'instruction de la jeunesse* (1665)
- KAN, Emmanuel, *Les fondements de la métaphysique des mœurs* (1785), LGF, 1993.
- GOLBONI, Carlo, *Les maximes de la pensée*, 1794
- KOUAMEGNE, Daniel, *Les offrandes à l'Eglise : Taxes ou action de grâce,* Col. Pais Theou, Bafoussam, Ed. Shalom et Bonnes affaires, 2008.
- KOUAMEGNE, Daniel, Phénoménologie du péché et perspectives du salut, Analyse critique de la problématique du péché originel, Allemagne, Croix du salut, 2019.
- KUEN, Alfred, *La Bible du semeur*, Exode 23/15c.
- LAFONTAINE, Jean, Les fables de Lafontaine, Paris, 1668.
- LAFONTAINE, Jean, *La cigale et la fourmi*, Paris, Claude Barbin, 1668
- MENANDRE cité par Pierre WALTZ, *Revue des Études Grecques*, Vol. 24, n ° 106 (1911), p. 5-62
- NEUSCH, Marcel., «Une conception chrétienne du sacrifice : le modèle de Saint Augustin» in *Le sacrifice dans les religions, Beauchesne*, paris, 1994.
- NJAMI-NWANDI, Simon B., *Prière, Jeûne et Offrande*, Yaoundé, CLE, 2004
- NJOH MOUELLE, *De la médiocrité à l'excellence. Essai sur la signification humaine du développement*, Yaoundé, CLE, 1972
- ROYSTON PIKE, E., *Dictionnaire des religions*, Paris, PUF, 1954.

- SARTRE, Jean-Paul, *L'être et le néant*, Paris, Gallimard, «Bibliothèque des idées», 1943
- SEGOND, Louis, *La Sainte Bible*, éd. Alliance Biblique Universelle 2010.
- SILLAMY, N., *Dictionnaire de Psychologie*, (1991), Paris, Larousse, 2010.
- TASSIN, Claude, « L'Apostolat, un "Sacrifice" ? Judaïsme et métaphore Paulinienne» in *Le sacrifice dans les religions*, Beauchesne, paris, 1994.

## TABLE DES MATIÈRES

Printed by Books on Demand GmbH, Norderstedt / Germany